FRANZ GAMILLSCHEG

Die Grundrechte im Arbeitsrecht

Schriften zum Sozial- und Arbeitsrecht

Band 100

Die Grundrechte
im Arbeitsrecht

Von

Franz Gamillscheg

Göttingen

Duncker & Humblot · Berlin

CIP-Titelaufnahme der Deutschen Bibliothek

Gamillscheg, Franz:
Die Grundrechte im Arbeitsrecht / von Franz Gamillscheg. –
Berlin: Duncker u. Humblot, 1989
  (Schriften zum Sozial- und Arbeitsrecht, Bd. 100)
  ISBN 3-428-06794-0
NE: GT

Alle Rechte vorbehalten
© 1989 Duncker & Humblot GmbH, Berlin 41
Druck: Berliner Buchdruckerei Union GmbH, Berlin 61
Printed in Germany
ISSN 0582-0227
ISBN 3-428-06794-0

*Der Juristischen Fakultät
der Universität Uppsala zugeeignet*

Vorwort

Das Buch nimmt ein Thema auf, das ich in einem Bericht über die Rechtsprechung zur Wirkung der Grundrechte im Arbeitsrecht im Archiv für die civilistische Praxis 1964 S. 385 ff. untersucht habe; es war auch Gegenstand eines Kolloquiums, das die Juristische Fakultät der Universität Göttingen zusammen mit dem Bundesministerium der Justiz im Mai 1989 in Göttingen veranstaltet hat. Der Einfluß des Grundgesetzes im Arbeitsrecht ist in diesen 25 Jahren immer wichtiger geworden; kaum eine der grundlegenden Fragen, die nicht im Lichte der grundrechtlichen Wertungen und Vorgaben beurteilt würde. Wie sein Vorgänger ist auch dieser Bericht im wesentlichen der Rechtsprechung gewidmet; es sei deshalb erlaubt, den Schluß des Aufsatzes im AcP zu zitieren: „Daß die Arbeitsrechtsprechung in den vergangenen Jahrzehnten das „sozial richtige" Recht gefunden hat, ist eine Großtat von höchster politischer Bedeutung. Denn sie hat ihren wesentlichen Anteil daran, daß der Arbeiter die Befreiung aus einem unwürdigen Dasein nicht aus der Zerschlagung der bürgerlichen Ordnung, sondern aus ihrem Wandel zum sozialen Rechtsstaat erreicht hat und noch zu erreichen trachtet". Ich halte das, so sehr man bei jeder einzelnen Entscheidung zweifeln kann, nach wie vor für richtig.

F. G.

Inhaltsverzeichnis

I. Einleitung 15

II. Die Wirkungsweise der Grundrechte 17
   1. Grundrechtsträger 17
   2. Ausgleich der Interessen der Beteiligten 17
      a) Interessen des Arbeitnehmers 18
      b) Interessen des Arbeitgebers 19
      c) Rangordnung bei der Interessenabwägung 20
      d) Arbeitsrechtliches Gesetz 21
      e) Aufgabe der Tarifpartner 24
      f) Auslegung, Lückenfüllung und richterliche Rechtsfortbildung 24
   3. Machtgefälle 28
      a) Machtgefälle als Begründung der Drittwirkung 28
      b) Machtgefälle als Grenze der Drittwirkung 35

III. Überblick über die Rechtsprechung 37
   1. Allgemeine Richtlinien für die Anwendung der Grundrechte ... 37
      a) Betriebsbezogenheit des Eingriffs 37
      b) Grundsatz des schonendsten Mittels 41
      c) Verhältnismäßigkeit im engeren Sinn 41
      d) Vorangegangenes Tun 43
   2. Folgen eines Verstoßes gegen das Grundrecht 43
      a) Auslegung 43
      b) Folgen des Grundrechtsverstoßes 43
      c) Verfassungsbeschwerde 45
   3. Die Rechtsprechung zu den einzelnen Grundrechten 46
      a) Art. 1 und 2 46
      b) Art. 3 49
      c) Art. 4 53
      d) Art. 5 55
      e) Art. 6 57
      f) Art. 12 58
         (1) Verlust des Arbeitsplatzes 58
         (2) Unangemessene Bindung an den Arbeitsplatz 61

		(3) Sachgerechte Auswahl unter den Bewerbern, Einstellungsanspruch	62
		(4) Schutz vor erzwungenem Müßiggang	70
	g)	Art. 14	70
	h)	Sozialstaatsgrundsatz	71

IV. Dogmatische Fragen ... 75
   1. Die Drittwirkung der Grundrechte ... 75
      a) Wortlaut des Art. 9 III GG ... 75
      b) Wille des Verfassungsgebers ... 75
      c) Wirkung in der Drittrichtung ... 76
   2. Mittelbare Drittwirkung ... 78
   3. Lehre von Söllner ... 83
   4. Lehre von Scholz ... 83
   5. Schutzauftragslehre ... 84

V. Koalitionsfreiheit, Art. 9 III ... 86
   1. Allgemeines ... 86
   2. Positive Koalitionsfreiheit ... 86
      a) Ausdrücklicher Schutzbereich ... 86
      b) Gruppengrundrecht ... 87
      c) Kernbereich spezifisch koalitionsgemäßer Betätigung ... 88
         (1) Bereitstellung eines Tarifsystems ... 88
         (2) Arbeits- und Wirtschaftsbedingungen ... 89
         (3) Zurücktreten des Staates, Richtigkeitsgewähr des Tarifvertrages ... 89
         (4) Tarifautonomie und staatliche Regelung der Arbeitsbedingungen ... 92
         (5) Arbeitnehmer-Kammern ... 93
      d) Drittwirkungsklausel des S. 2 ... 93
         (1) Werbung im Betrieb ... 94
         (2) Andere Fälle ... 95
      e) Arbeitskampf ... 95
      f) Deutung der Rechtsprechung ... 98
   3. Negative Koalitionsfreiheit ... 101

VI. Die Bindung des Tarifvertrages an die Grundrechte ... 103
   1. Rechtsprechung ... 103
   2. Dogmatische Deutung ... 103

Abkürzungen

A. C.	Appeal Cases
AcP	Archiv für die civilistische Praxis
AFG	Arbeitsförderungsgesetz
AfP	Archiv für Presserecht
AOG	Gesetz zur Ordnung der nationalen Arbeit (1934)
AöR	Archiv des öffentlichen Rechts
AP	Arbeitsrechtliche Praxis, Nachschlagewerk des Bundesarbeitsgerichts
Arb	Sammlung arbeitsrechtlicher Entscheidungen der Gerichte und Einigungsämter (Oesterreich)
ArbG	Arbeitsgericht
ArbGG	Arbeitsgerichtsgesetz
ArbKG	Gesetz zur Verbesserung der wirtschaftlichen Situation der Arbeiter im Krankheitsfalle
ARS	Arbeitsrechtssammlung
AuR	Arbeit und Recht
AVR	Richtlinien für Arbeitsverträge in den Einrichtungen des Deutschen Caritasverbandes
BAG	Bundesarbeitsgericht
BAGE	Entscheidungen des Bundesarbeitsgerichts
BArbBl	Bundesarbeitsblatt
BB	Betriebs-Berater
BDSG	Bundesdatenschutzgesetz
BeschFG, BFG	Gesetz über arbeitsrechtliche Vorschriften zur Beschäftigungsförderung
BetrAVG	Gesetz zur Verbesserung der betrieblichen Altersversorgung
BetrVG	Betriebsverfassungsgesetz
BGH	Bundesgerichtshof
BGHZ	Entscheidungen des Bundesgerichtshofes in Zivilsachen
BPersVG	Bundespersonalvertretungsgesetz
BT-Drucksache	Bundestags-Drucksache
BVerfG	Bundesverfassungsgericht
BVerfGE	Entscheidungen des Bundesverfassungsgerichts
BVerwG	Bundesverwaltungsgericht
C. A.	Court of Appeal
C. c.	Code civil

CR	Computer und Recht
DB	Der Betrieb
DFB	Deutscher Fußball-Bund
DRdA	Das Recht der Arbeit (Österreich)
D.S., i.r., Chron.	Recueil Dalloz Sirey, Informations rapides, Chronique (Frankreich)
DVBl	Deutsches Verwaltungsblatt
EmplRelLJ	Employee Relations Law Journal (Vereinigte Staaten)
EOC	Equal Opportunities Commission
EuGH	Europäischer Gerichtshof
EuGRZ	Europäische Grundrechte-Zeitschrift
EWG-V	Vertrag zur Gründung der Europäischen Wirtschaftsgemeinschaft
EzA	Entscheidungssammlung zum Arbeitsrecht (Hrsg. Stahlhacke)
GewO	Gewerbeordnung
GG	Grundgesetz
GS	Großer Senat des BAG
GWB	Gesetz gegen Wettbewerbsbeschränkungen
HAG	Heimarbeitsgesetz
HarvardLR	Harvard Law Review (Vereinigte Staaten)
HGB	Handelsgesetzbuch
IAO	Internationale Arbeitsorganisation
I.C.R.	Industrial Cases Reports (Großbritannien)
JA	Juristische Arbeitsblätter
JbAR	Jahrbuch des Arbeitsrechts
JböR	Jahrbuch des öffentlichen Rechts
JuS	Juristische Schulung
JZ	Juristenzeitung
KSchG	Kündigungsschutzgesetz
LabLawJ	Labor Law Journal (Vereinigte Staaten)
LAG	Landesarbeitsgericht
LAGE	Entscheidungen der Landesarbeitsgerichte (Hrsg. Stahlhacke)
LFG	Lohnfortzahlungsgesetz
LPVG	Landespersonalvertretungsgesetz
LSG	Landessozialgericht
MuSchG	Gesetz zum Schutze der erwerbstätigen Mutter
NJW	Neue Juristische Wochenschrift
NZA	Neue Zeitschrift für Arbeits- und Sozialrecht
Oest. ZöR	Österreichische Zeitschrift für öffentliches Recht
ÖTV	Gewerkschaft Öffentliche Dienste, Transport und Verkehr
RAG	Reichsarbeitsgericht
RdA	Recht der Arbeit
RdW	Recht der Wirtschaft (Österreich)

Abkürzungen

RVO	Reichsversicherungsordnung
SAE	Sammlung arbeitsrechtlicher Entscheidungen
Slg.	Sammlung der Rechtsprechung des Gerichtshofes (der Europäischen Gemeinschaften)
SJZ	Schweizerische Juristen-Zeitung
TVG	Tarifvertragsgesetz
U.S.	United States Supreme Court Reports
WV	Weimarer Reichsverfassung
ZAS	Zeitschrift für Arbeits- und Sozialrecht (Österreich)
ZGB	Schweizerisches Zivilgesetzbuch
ZIP	Zeitschrift für Wirtschaftsrecht
ZPO	Zivilprozeßordnung

Verzeichnis des abgekürzt zitierten Schrifttums

AcP 1964, 385 ff.	Gamillscheg, Die Grundrechte im Arbeitsrecht, AcP 1964, 385 ff.
AKGG-Bearbeiter	Kommentar zum Grundgesetz für die Bundesrepublik Deutschland, Bd. 1 Art. 1 - 20 (1984); Reihe Alternativ-Kommentare
AR I, II	Gamillscheg, Arbeitsrecht I (7. Aufl. 1987); II (6. Aufl. 1984)
Bleckmann	Bleckmann, Staatsrecht II, Allgemeine Grundrechtslehren (2. Aufl. 1985)
Canaris, AcP 1984	Canaris, Grundrechte und Privatrecht, AcP 1984, 201 ff.
Dürig, Festschrift Nawiasky	Dürig, Grundrechte und Zivilrechtsprechung, Festschrift Nawiasky (1956) 157 ff.
Handbuch des Staatsrechts-Bearbeiter	Handbuch des Staatsrechts der Bundesrepublik Deutschland, hrsg. von Isensee und Kirchhof, Bd. I Grundlagen von Staat und Verfassung (1987); Bd. III Das Handeln des Staates (1988); Bd. VI Freiheitsrechte (1989)
Leisner	Leisner, Grundrechte und Privatrecht (1960)
Maunz-Dürig-Herzog-Scholz	Grundgesetz, Kommentar von Maunz, Dürig, Herzog, Scholz u. a., Loseblatt: Stand 1989
MK-Bearbeiter	Münchener Kommentar zum BGB, §§ 611 - 630, bearb. von Söllner / Schaub / Lorenz/Schwerdtner (2. Aufl. 1988)
Schaub	Schaub, Arbeitsrechts-Handbuch (6. Aufl. 1987)
Schwabe	Schwabe, Die sogenannte Drittwirkung der Grundrechte (1971)
Starck	Starck, in: von Mangoldt-Klein-Starck, Das Bonner Grundgesetz I (3. Aufl. 1985)
Stern	Stern, Das Staatsrecht der Bundesrepublik Deutschland, Bd. I (2. Aufl. 1984); Bd. II (1980); Bd. III/1 (1988)
Wiedemann-Stumpf	Wiedemann-Stumpf, Tarifvertragsgesetz (5. Aufl. 1977)

I. Einleitung

Gegenstand der folgenden Darstellung ist die Wirkung der Grundrechte im Arbeitsrecht, wie sie sich insbesondere als Frucht der Rechtsprechung der letzten 40 Jahre ergibt[1].

Die anderen Gebiete des Privatrechts bleiben außer Betracht. Kritik betrifft die Meinungen zur Stellung der Grundrechte im Privatrecht nur dort, wo sie das Arbeitsrecht miteinbeziehen. Das heißt freilich nicht, daß die für das Arbeitsrecht entwickelten Überlegungen nicht auch in anderen Bereichen des Privatrechts verwertet werden könnten, soweit auch diese das für das Arbeitsrecht typische Ungleichgewicht zwischen den Vertragspartnern (unten II 3 a) aufweisen; Beispiele sind etwa der Ausschluß eines Mitglieds aus einem für sein Fortkommen wichtigen Verband, das Verbot einer Wohnungsgenossenschaft an die Mieter, eine bestimmte Zeitung zu halten, das Verhältnis eines Pflegeheims zu seinen Insassen, des Entmündigten zu seinem Vormund, die Weigerung, den einzigen Versammlungsraum am Ort an eine politische Partei zu vermieten, die Bedrohung der Pressefreiheit durch gesellschaftliche Kräfte und umgekehrt des Einzelnen durch die Macht der Medien, die sich in der Rolle einer durch niemand legitimierten vierten Gewalt allzusehr gefallen usw. Auch zwischen Ehegatten kann das Machtgefälle eine Rolle spielen, wo, wie bei der Scheidung der Ehe, eine privatautonome Gestaltung ihrer Beziehungen nicht möglich ist. Dabei ist nicht ausgeschlossen, daß das Arbeitsrecht die Rolle eines Schrittmachers eines neuen Sozialmodells übernimmt; so wird gesagt, der Geist des Sonderprivatrechts „bestimmt . . . bereits heute das Selbstverständnis eines großen Teils der Privatrechtler"[2]. Daß bei all dem auf die jeweiligen Besonderheiten Bedacht zu nehmen ist, steht einer übergreifenden Betrachtung nicht im Wege[3].

Das Arbeitsschutzrecht im engeren Sinne ist öffentliches Recht, für es gelten die Grundrechte unmittelbar. Das übrige Arbeitsrecht gehört zum Privatrecht, und zwar, trotz etlicher·Anlehnungen an das öffentliche Recht, auch das kollektive Arbeitsrecht, insbesondere die Normenwirkung von Tarifvertrag und Betriebsvereinbarung. Privatrechtlich ausgestaltet ist auch, anders als das Beamtenverhältnis, das Arbeitsverhältnis der Arbeiter und Angestellten des öffentlichen Dienstes. Der Schwerpunkt der Entwicklung liegt im privaten Arbeitsrecht. Kein Bereich des Privatrechts ist heute von Wertungen der Grundrechte so durchtränkt wie das Arbeitsrecht; die Arbeitsgerichtsbarkeit ist der Forderung, den Grundrechten zur größtmöglichen Wirksamkeit zu

---

[1] Für die Zeit bis 1964 vgl. auch Leisner 249 ff.; Gamillscheg, AcP 1964, 385 ff.
[2] Westermann, AcP 1978, 150 ff. (155). – Es mag sein, daß sich hier die „Schubwirkung des sozialen Trends" zeigen wird, die Forsthoff, Festschrift Carl Schmitt (1959) 35 ff. (48), als hinter der Drittwirkungslehre stehend festgestellt hat.
[3] Zweifelnd Eckhold-Schmidt, Legitimation durch Verfahren (1974) 112 f.

verhelfen[4], reichlich nachgekommen, sie ist „die grundrechtsfreudigste" aller Zivilgerichtsbarkeiten geworden[5].

Deshalb ist im folgenden auch eine Beschränkung auf wenige Beispiele nötig; alle einschlägigen Entscheidungen und Äußerungen nennen zu wollen, würde ein Lehrbuch des Arbeitsrechts füllen[6]. Nicht weniger umfangreich sind Rechtsprechung und Schrifttum zu den Grundrechten im allgemeinen. Auch sie können, noch dazu von einem Außenseiter, nicht ausgeschöpft werden; hier waren Isensee-Kirchhof, Handbuch des Staatsrechts I (1987), III (1988) und VI (1989), und das eindrucksvolle Werk von Stern eine dankbar entgegengenommene Hilfe, auf die dann auch für die Vertiefung verwiesen werden muß.

Bei der Grundrechtsfreude möchte man sogar manchmal bremsen. Man muß nicht Art. 1 und 2 beschwören, um darzutun, daß der Arbeitnehmer nicht zur Teilnahme an einem Betriebsausflug gezwungen ist, und der Ausschluß der Haftung des Arbeitgebers für Schäden auf dem Parkplatz berührt auch nicht die Menschenwürde[7]. Das Rechtsstaatsprinzip anzurufen, um eine Entscheidung zu Fall zu bringen, die den Arbeitgeber zur Tragung der Kontoführungsgebühren verurteilt, ist zu hoch gegriffen[8]; und was alles als Verstoß gegen den Gleichheitssatz vorgebracht worden ist, kann keine juristische Phantasie sich ausmalen. Sich bis vor das BAG hin zu beschweren, daß der Arbeitgeber private Telefonate durch eine Aufschaltanlage unterbricht[9], zeugt mehr von Streitsucht als einem geschärften Rechtsgefühl; zur Berufung auf das Persönlichkeitsrecht für Alles und Jedes siehe auch unten III 3 a. Vor allen diesen „Überstrapazierungen"[10] muß man sich hüten.

---

[4] Vgl. BVerfGE 39, 1 (38), ständige Rechtsprechung; Bleckmann 77, 159 f.

[5] Stern III/1, 1429. Daß die grundrechtlichen Berechtigungen eines Bürgers gegen einen anderen gegenüber ihrer zentralen Ausrichtung gegen die öffentliche Gewalt einen „atypischen Sonderfall" der Grundrechte darstellen, so Stern aaO 533, scheint mir durch die Massenhaftigkeit der Berufung auf die Grundrechte im Arbeitsrecht widerlegt.

[6] Vgl. Häberle, Arbeit als Verfassungsproblem, JZ 1984, 345 ff. mit Nachweisen in Anm. 31 und 32. – Wie unter diesen Umständen Lecheler, Festschrift Ernst Wolf (1988) 370, zu der Meinung gelangen konnte, die Verfassung spiele „in der arbeitsrechtlichen Literatur und Rechtsprechung allenfalls eine untergeordnete Rolle" – ebenso ders. für Art. 12, in: Art. 12 GG – Freiheit des Berufs und Grundrecht der Arbeit, Veröffentlichungen der Vereinigung der Deutschen Staatsrechtslehrer, Heft 43 (1985) 65 –, ist unerfindlich.

[7] Dazu vgl. Feller, RdA 1964, 42; BAG, AP Nr. 26 zu § 611 BGB Fürsorgepflicht = E 7, 280.

[8] BVerfG, AP Nr. 7 zu § 87 BetrVG 1972 Auszahlung.

[9] BAG, AP Nr. 1 zu § 611 BGB Persönlichkeitsrecht = E 25, 80 (86).

[10] Lerche, NJW 1987, 2466.

II. Die Wirkungsweise der Grundrechte

Die Gebote und Wertungen der Grundrechte binden den Gesetzgeber und die Parteien von Tarifvertrag und Betriebsvereinbarung. Ihnen unterliegen der Arbeitsvertrag und die betrieblichen Gestaltungsmittel mit kollektivem Bezug (betriebliche Übung, Gesamtzusage, vertragliche Einheitsregelung), schließlich auch die Weisungen des Arbeitgebers. Die Reichweite der Grundrechte des Arbeitnehmers bestimmt sich in gegenseitiger Abwägung mit den jeweils entgegenstehenden Rechten und Interessen der anderen Seite.

1. *Grundrechtsträger* sind Arbeitgeber und Arbeitnehmer, doch stehen die Rechte der Arbeitnehmer begreiflicherweise ganz im Vordergrund. Die Rechte und Interessen des Arbeitgebers bilden demgegenüber in der Regel das Widerlager, prozessual den Gegenstand von Einwendungen gegen Ansprüche[1] und Gegeneinwendungen gegen Einwendungen des Arbeitnehmers. Bei der Abwägung spielt natürlich die entscheidende Rolle, daß der Arbeitgeber als Herr über die Produktionsmittel die stärkere Stellung innehat[2].

Die Grundrechtsträgerschaft des Arbeitgebers zeigt sich insbesondere bei der Verfassungsbeschwerde gegen Gesetze; von ihnen ist die Beschwerde gegen das Mitbestimmungsgesetz[3] die wohl bekannteste.

2. Aufgabe der Rechtsordnung ist der Ausgleich der Interessen der Beteiligten, also *jedem das Seine* zu gewährleisten. Dem Arbeitnehmer gebührt ein fairer Anteil am gemeinsam erwirtschafteten Gewinn und eine Stellung im Betrieb, die auch seine nichtvermögensrechtlichen Belange im Rahmen des Möglichen wahrt. Der Arbeitgeber muß produzieren können. Es geht um die gegenseitige Begrenzung, die „Suche nach dem rechten Maß"[4], mit einem

---

[1] Dazu zuletzt BVerfGE 77, 308 (332).

[2] Zum „sozialen Bezug" der Berufung auf Art. 12 durch den Arbeitgeber vgl. BVerfG, AP Nr. 1 zu § 1 MitbestG = E 50, 290 (365) und AP Nr. 7 (oben Anm. 8); zur unterschiedlichen verfassungsrechtlichen Absicherung von Streik und Aussperrung s. unten V 2 e.

[3] BVerfG, AP Nr. 1 zu § 1 MitbestG = E 50, 290. – Zur Wirkung von Art. 12 im Zusammenhang mit den Arbeitnehmer-Weiterbildungsgesetzen vgl. BVerfG, AP Nr. 62 zu Art. 12 GG = E 77, 308. – Verfassungsbeschwerde gegen Auslegung eines Sozialplans: AP Nr. 28 zu Art. 2 GG = E 73, 261.

[4] Vgl. Stern III/1, 1391; zur Abwägung im allgemeinen Stern 928 ff.; Häberle, Die Wesensgehaltgarantie des Art. 19 II GG (3. Aufl. 1983) 31 ff., 180 ff., billigend Bleckmann 233; Böckenförde, in: Posser/Wassermann, Freiheit in der sozialen Demokratie (1975) 88; Rüfner, Gedächtnisschrift Martens (1987) 223 f.; Lerche, NJW 1987, 2465 ff.; Bethge, Zur Problematik von Grundrechtskollisionen (1977) und in: Handbuch des Staatsrechts VI, § 137 Nr. 29; AcP 1964, 426 ff.

II. Die Wirkungsweise der Grundrechte

Modewort spricht man hier von „praktischer Konkordanz"[5], es ist das das zentrale Problem der Grundrechtsanwendung überhaupt. Wo das Gesetz – ausnahmsweise – die Grenzen selbst in nicht näher auslegungsbedürftiger Weise zieht, tritt es an die Stelle richterlicher Entscheidung.

a) Die *Interessen des Arbeitnehmers* sind vor allem in den Art. 1 bis 6, 9 III, 12 und 14 GG zu Grundrechten[6] erstarkt; andere Überlegungen, wie etwa der Sphärengedanke, die Förderung der Mitbestimmung (die man freilich auch im Sozialstaatsgrundsatz verankert sehen kann) oder der Schutz des Vertrauens (der indessen auch in das grundrechtliche Rechtsstaatsgebot eingebettet ist), schieben sich in die Argumentation ungeschieden hinein; um was es im einzelnen geht, wird unten III 3 belegt werden.

Andere Grundrechte spielen demgegenüber eine geringere Rolle. Art. 10 GG wird im Zusammenhang mit der Aufzeichnung von Telefondaten beschworen[7]. Art. 11 wird bedeutsam, wenn ein Arbeitgeber sein Versetzungsrecht in unbilliger Weise ausübt; in einer Entscheidung standen sich hier die Fürsorgepflicht und „das Interesse der Allgemeinheit an der Erfüllung der Aufgaben des öffentlichen Dienstes" gegenüber[8]. Art. 13 schwebte unausgesprochen über der Entscheidung des BAG[9], die eine Aussperrung als „Ultimatum" für unwirksam erklärt hat, bei der gleichzeitig die Werkswohnungen gekündigt worden waren; aber auch der Sozialstaatsgrundsatz läßt sich hier ebensogut zitieren. – Kempen[10] legt § 616 I BGB im Sinne der Demonstrationsfreiheit aus; auch der Verlust einer Anwesenheitsprämie kann sich an diesem Grundrecht messen lassen müssen. – Das Rechtsstaatsgebot spielt eine Rolle in der Argumentation; ihm sind nicht nur Urteile zum Opfer gefallen, die die Grenze der richterlichen Rechtsfindung gesprengt hatten[11], es wird auch gegen überraschende Änderungen der Rechtsprechung ins Feld geführt, Problem der Rückwirkung (unten III 3 g).

Hinter den Rechten der Arbeitnehmer steht das Interesse der Allgemeinheit am sozialen Frieden und an der Volksgesundheit, man denke etwa an den Mutterschutz; der Abbau der Arbeitslosigkeit ist ein gemeinsames Interesse aller Beteiligten. Auch andere staatliche Belange verwirklichen sich über den

---

[5] Vgl. auch BT-Drucksache 10/4594 3 und Anlage 23, dazu Badura, Festschrift Molitor (1988) 15 f.; zuletzt BAG, AP Nr. 15 zu § 611 BGB Persönlichkeitsrecht.

[6] Die internationalen Abkommen, insbesondere Europäische Menschenrechtskonvention und Sozialcharta, bleiben in der Regel hinter den Grundrechten zurück und spielen deshalb in der Praxis kaum eine Rolle; zu ihnen vgl. Stern III/1 § 62; Bleckmann 154; Schaub, RdA 1979, 137 ff. (anders in Österreich!).

[7] S. unten III 3 a.

[8] Vgl. BAG, AP Nr. 8 zu § 611 BGB Direktionsrecht; gegen den Zwang zum Wohnsitzwechsel im allg. Maunz-Dürig-Herzog-Scholz, Bem. 46 zu Art. 11.

[9] AP Nr. 31 zu Art. 9 GG Arbeitskampf = E 15, 145; AcP 1964, 412 Anm. 84. – Zur Wohnung als Grundlage der Wahrung der Menschenwürde vgl. Stern III/1, 649 Anm. 121 mit Nachweisen. – Zur Berufung des Arbeitgebers auf Art. 13 zum Schutze der Betriebsräume vgl. BVerfGE 32, 54 (69).

[10] JbAR 1988, 75 ff.

[11] Ein Beispiel BAG, GS, AP Nr. 6 zu § 112 BetrVG 1972 = E 31, 176, aufgehoben durch BVerfG, AP Nr. 22 ebda. = E 65, 162 (Sozialplan im Konkurs).

II. Die Wirkungsweise der Grundrechte

Schutz der Arbeitnehmer, wie etwa die Resozialisierung Straffälliger (Begrenzung des Fragerechts bei Einstellung), usw.

Aus dem Bedürfnis des Schutzes der Arbeitnehmer ist auch die Tarifautonomie erwachsen. Sie erfüllt eine öffentliche Aufgabe von höchstem Rang und zwingt in dem Dreieck Tarifautonomie-Schutz der Arbeitnehmer-Belange der Arbeitgeber ebenfalls zu schwierigen und heiklen Abgrenzungen.

b) Dem Arbeitnehmer steht der *Arbeitgeber* gegenüber. Er beruft sich in erster Linie auf Art. 14, Nutzung von Besitz und Eigentum an den Produktionsmitteln, und auf Art. 2 und 12, Vertragsfreiheit und Entfaltung seiner unternehmerischen Persönlichkeit[12]; und was eine Volkswirtschaft wert ist, die keinen Unternehmer kennt, zeigt das sowjetische Beispiel zur Genüge. Gewinn zu machen ist legitim und notwendig und steht nicht weniger unter dem Schutz der Verfassung wie das Interesse des Arbeitnehmers an seinem Arbeitsplatz; im Gewinn nur den „Profit" zu sehen, ist dumm. Hinter den Interessen des Arbeitgebers stehen andere Belange: die Erwartung des Verbrauchers, billige und gute Waren und Dienstleistungen vorzufinden (jeder Arbeitnehmer ist in allen anderen Beziehungen selbst Verbraucher), das Interesse des Staates an Steuern, der Allgemeinheit an der Stellung der Bundesrepublik im internationalen Wettbewerb oder auch an der Ausbildung der nachfolgenden Generation. Von nicht geringerer Wichtigkeit ist die Erfüllung der nichtwirtschaftlichen Aufgaben, wie sie sich etwa die Tendenzunternehmen stellen: Der Bürger will die Zeitung seiner Wahl zu erschwinglichen Preisen lesen können, ohne daß selbsternannte Wächter über die Demokratie ihn durch Blockade oder Boykott daran hindern (unten III Anm. 87). Die Vorstellungen der großen Kirchen haben durch eine weite Auslegung von Art. 140 GG eine Förderung erfahren, die über „das rechte Maß" bereits hinausgeht[13]. Das Interesse an einer geordneten Rechtspflege wurde kürzlich zum Abwägungsmerkmal bei Beurteilung eines Wettbewerbsverbots nach einem Praxistausch von Rechtsanwälten[14]. – Das Stichwort „öffentlicher Dienst" steht für sich; er sieht sich auch in seinem nicht hoheitlichen Handeln, zu dem der Abschluß von Arbeitsverträgen gehört, den Grundrechten unmittelbar unterworfen (unten 3 a). Gewiß stehen dem Staat auch als Dienstgeber keine eigenen Grundrechte zu; stattdessen begrenzt die öffentliche Aufgabe, die erfüllt werden muß, die Freiheitsrechte der Arbeitnehmer, wie denn überhaupt die gegenseitige Abwägung keine Besonderheit der Drittwirkung ist (unten IV 1 c)[15].

---

[12] Auf das Verhältnis von Art. 2 und 12 ist hier nicht einzugehen.
[13] Vgl. zu den Kündigungsfällen unten III 1a, zu § 118 II BetrVG BAG, AP Nr. 24 zu § 118 BetrVG 1972 = E 41, 5 (Ende des Betriebsratsamts am Tag der Übernahme eines Krankenhauses durch den Johanniterorden); zum kirchlichen Dienst- und Arbeitsrecht im allg. vgl. Hollerbach, Handbuch des Staatsrechts VI § 139 Nr. 41 ff.
[14] BGH, AP Nr. 57 zu Art. 12 GG.
[15] Vgl. BAG, AP Nr. 11 zu § 75 BPersVG = E 42, 375 (Sicherungsüberprüfung des Arbeitnehmers); oben Anm. 8; zur früheren Rechtsprechung AcP 1964, 441.

Daß die unternehmerische Entscheidung den Schutz des Gesetzes genießt, zeigt auch die in § 112 BetrVG getroffene Unterscheidung zwischen erzwingbarem Sozialplan und nicht erzwingbarem Interessenausgleich[16].

Art. 3 bis 6 spielen für den Schutz des Arbeitgebers keine Rolle. Noch nie hat es ein Gericht beschäftigt, ob ein Arbeitnehmer gegenüber seinem Arbeitgeber Gleichbehandlung wahrt, die Kündigung des Arbeitnehmers ist auch dann wirksam, wenn sie wegen der politischen Anschauungen des Arbeitgebers erfolgt und dieser so schnell einen Ersatz nicht finden kann (unten IV 2).

c) Für die gegenseitige Abwägung der aufgezählten Interessen gibt es keine *feste Rangordnung*, keine „vollständige und geschlossene Wertordnung"[17], und zu Unrecht wird zuweilen ohne die nötige Unterscheidung der Vorrang der Vertragsfreiheit behauptet[18]. Die nicht-vermögensrechtlichen Interessen verdrängen auch nicht deshalb die Belange des Arbeitgebers, weil sie edler wären; ein Satz „Gewissen geht vor Profit" verbietet sich von selbst[19]. Daß die zur Abwägung gestellten Rechte und Interessen verschiedenes Gewicht haben können, soll damit natürlich nicht bestritten werden; zur Bedeutung der Gesetzesvorbehalte s. unten IV 1 c. Bei der Abwägung spielt deshalb auch eine bestimmende Rolle, daß der Arbeitsvertrag bei aller Sozialstaatlichkeit ein gegenseitiger Vertrag ist und dem Entgelt auch eine entsprechende Arbeitsleistung gegenüberstehen muß[20].

Aufgabe aller an der Normierung beteiligten Gewalten ist mithin, für das Problem – nicht „dieses Falls", wohl aber „eines solchen Falls" – die rechte Lösung in der Mitte zu finden. Der Vorgang ist stets derselbe: zunächst ist der Eingriff in das Grundrecht daraufhin zu prüfen, ob er aus allgemeinen Gründen nicht zu dulden ist, weil sein Ziel nicht betriebsbezogen ist, nicht das schonendste Mittel gewählt wurde oder das Grundrecht in seinem Wesensgehalt verletzt würde (unten III 1); dann ist der Punkt zu bezeichnen, wo sich die

---

[16] Dazu Kommentare zu § 112 BetrVG; AR II 484 f.
[17] Stern III/1, 914, unter Berufung auf Alexy, Theorie der Grundrechte (1985) 929 f.; Hermes, Das Grundrecht auf Schutz von Leben und Gesundheit (1987) 252 f.; AcP 1964, 428.
[18] Anders immer wieder die Rechtsprechung, vgl. etwa BAG, AP Nr. 7 zu Art. 12 GG = E 6, 291; häufig auch im Verhältnis Vertragsfreiheit/Gleichbehandlung bei Entgeltvereinbarungen, dazu AR I 42.
[19] So aber nach BAG, AP Nr. 83 zu § 1 KSchG = E 23, 371. BGHZ 98, 32 = NJW 1986, 3077, statuiert den Vorrang des Persönlichkeitsrechts gegenüber dem (wirtschaftlichen) Interesse, einen Schiedsspruch durch Beweis des Verfalls der Geisteskräfte des Schiedsrichters (psychiatrische Untersuchung) zu Fall zu bringen; die Persönlichkeit als „elementarer Wert" wird hier den „nur vermögensrechtlichen" Interessen gegenübergestellt. – Für den Vorrang von Meinungs- und Gewissensfreiheit Preuss, AuR 1986, 384.
[20] Diese Überlegung bricht sich immer wieder Bahn, etwa bei Begründung einer Kündigung mit der Belastung durch die Krankheitskosten, dazu AR I 461, oder auch der Anerkennung der Spätehenklausel (unten III 3 e).

II. Die Wirkungsweise der Grundrechte 21

Interessensphären treffen. Dabei fallen Bedeutung des eingeschränkten wie des gewahrten Rechtsguts, aber auch vorangegangenes oder gegenwärtiges Tun der beiden Seiten in die Waagschale: je schärfer der Eingriff, um so strenger seine Voraussetzungen. Die letzte, eigentliche Entscheidung bleibt stets dezisionistisch.

d) Das gilt zunächst für das *arbeitsrechtliche Gesetz*. Es tritt teils als Reformgesetz auf den Plan, teils wird in ihm auch nur verankert, was die Rechtsprechung bisher schon (in Ausfüllung von Generalklauseln oder in offener Rechtsfortbildung, nicht selten contra legem) entwickelt hat; ein Beispiel sind etwa die §§ 611 a und 612 III BGB, die eine lange Zeit der Anwendung von Art. 3 II GG oder allgemeinster Gerechtigkeitserwägungen abgelöst haben. Daß das arbeitsrechtliche Gesetz als solches den Grundrechten unmittelbar unterworfen ist, ist, obwohl zuweilen geleugnet, nicht zweifelhaft[21]. Zahlreich sind sogar die Stimmen, die die Verwirklichung der grundrechtlichen Wertordnung überhaupt dem privatrechtlichen Gesetz und nur ihm, wenn auch nur mittels der Generalklauseln, anvertrauen wollen[22]: freilich eine gewaltige Überschätzung dessen, was ein Gesetz konkret zu leisten vermag, die Beispiele unten III 3 werden das belegen, und es ist ja auch kein Zufall, daß die Wesentlichkeitstheorie, nach der die grundlegenden Ordnungen des menschlichen Zusammenlebens durch Gesetz zu erfolgen haben, im Arbeitsrecht bisher noch nicht Fuß gefaßt hat. Wo indessen das Gesetz den Interessenwiderstreit selbst schlichtet, muß es den Punkt bezeichnen, wo des einen Grundrechtsraum endet und der des anderen beginnt. Daran ist der Richter gebunden, auch wenn die Lösung recht pauschal ist (unten IV Anm. 32) oder ihm im konkreten Fall etwas anderes gerechter erscheint[23], selbst dann, wenn das Gesetz erkennbar einen faulen politischen Kompromiß darstellt, der niemand zufriedenzustellen vermag[24]. Dabei räumen wir dem Gesetzgeber einen weiteren Beurteilungsspielraum als dem lückenfüllenden Richter ein[25] (gleiches gilt für die Tarifpartner), insbesondere ist ihm die Berücksichtigung anderer, grundrechtsunabhängiger Ziele, wie erwähnt, nicht verwehrt.

Beispiel einer solchen gesetzlichen Ausformung eines Interessenwiderstreits sind die schon 1914 ins Gesetz aufgenommenen §§ 74 a ff. HGB. Daß ein Wettbewerbsverbot ein geschäftliches Interesse des Arbeitgebers voraussetzt, ist Ausdruck des Satzes, daß nur eine betriebsbezogene Beschränkung des Grundrechts (hier: Art. 12) anerkannt

---

[21] Stern III/1, 1565 f.; Bleckmann 154; Canaris, AcP 1984, 212; Krause, JZ 1984, 657.
[22] Vgl. Kirchhof, Private Rechtsetzung (1987) 526; Hesse, bei Benda, Maihofer und Vogel, Handbuch des Verfassungsrechts (1983) 104; Rüfner, Gedächtnisschrift Martens (1987) 227 ff. (die „Feinarbeit" der Abwägung könne nur der Gesetzgeber leisten); zuletzt wieder Canaris, JuS 1989, 162.
[23] Vgl. Bleckmann 225; Badura, Festschrift Molitor (1988) 5.
[24] Zum „Portoparagraphen" des § 611a II BGB s. unten III 3 b.
[25] Vgl. dazu auch BAG, AP Nr. 25 zu Art. 12 GG = E 13, 168 (175).

wird[25a] (unten III 1 a), die Beschränkung nach Raum und Zeit entspricht der Verhältnismäßigkeit im engeren Sinn (unten III 1 c). Deshalb ist die Regelung auch verfassungsgemäß[26]. Bei ihr hat es auch sein Bewenden: die Bindung von zwei Jahren ist nicht deshalb ein Verstoß gegen Art. 12, weil dem Arbeitnehmer nach 20 Monaten eine verlockende Stellung bei der Konkurrenz angeboten wird, die ihm sonst verloren geht, gegen Art. 14, weil die Konkurrenztätigkeit dem Arbeitgeber auch im 25. Monat noch großen Schaden zufügen kann.

Ein anderes Beispiel bietet § 1 KSchG. Die vom Gesetz bewußt gelassenen Lücken des Kündigungsschutzes – insbesondere Wartefrist der ersten sechs Monate – können nicht unter Rückgriff auf die Wertungen des Art. 12 unterlaufen werden; gleiches gilt für die Herausnahme des Kleinbetriebs aus dem Kündigungsschutz, § 23 KSchG. Wo freilich Ansatzpunkte für eine Auslegung der Norm bestehen, setzt auch die grundrechtliche Wertung wieder ein (unten III 3 f (1)). – Wieder ein anderes Beispiel bietet § 611 a BGB. Die Beschränkung des Schadenersatzes der abgewiesenen Frau auf die Bewerbungskosten ist gesetzespolitisch skandalös; dennoch ist es sehr zweifelhaft, ob dem Richter gestattet ist, über das Persönlichkeitsrecht eine angemessene Sanktion zu erschleichen (III 3 b).

Leben, Gesundheit und Sittlichkeit des Arbeitnehmers verlangen besonderen Schutz. Er wird in der Regel durch öffentlich-rechtliche Vorschriften, Unfallverhütungsvorschriften, aber auch durch organisatorische Maßnahmen (Mitwirkung des Betriebsrats u. a.) gesichert[27]. Für einen unmittelbaren Rückgriff auf Art. 1 und 2 GG ist wenig Raum, Strafvorschriften könnten auf diesem Wege richterrechtlich auch nicht eingeführt werden. Wo Lücken bleiben, ist der Gesetzgeber kraft seines Schutzauftrags (unten IV 5) zum Tätigwerden aufgerufen.

In diesem Bereich versagt der Anspruch des Arbeitgebers auf die Arbeitsleistung oft gänzlich, wie etwa im Mutterschutz (unten III 3 e). Die Grenze ist erreicht, wo der Bestand des Unternehmens gefährdet wird, man denke etwa an den kleinen Friseurmeister; § 9 III MuSchG, Genehmigung der Kündigung durch die Verwaltungsbehörde, trägt dem Rechnung.

[25a] Derselbe Gedanke in *Provident Financial Group v. Hayward* [1989] I.C.R. 160.

[26] A. A. Achterberg, JZ 1975, 713 ff.; dagegen Westhoff, RdA 1976, 353 ff.; Canaris, AcP 1984, 128 f.; AR I 195; für Canaris 241 f. ist diese Bestimmung im Gegenteil die Analogiebasis für eine Beschränkung der Rückzahlungsklauseln ganz allgemein (unten III 3 f (2)). Richtig ist an dieser Überlegung, daß die Vorschrift beim Richter eine Hemmschwelle beseitigen kann, so vorzugehen, wie er es getan hat; die Lösung des Rückzahlungsproblems wäre aber auch keine andere, hätte es den § 74 a HGB nicht gegeben.

[27] Dazu auch Leisner 263 f. – Der Schutz der Kinder und Jugendlichen – Verbot der Kinderarbeit! – ist im Sozialstaatsgrundsatz mit verankert; von ihm spricht auch Art. 7 der Europäischen Sozialcharta. Er beeinflußt das Arbeitsverhältnis auch außerhalb des Geltungsbereichs des Jugendarbeitsschutzgesetzes, so etwa die Auslegung des Begriffs „wichtiger Grund" in § 626 BGB; als Erläuterung vgl. den Sachverhalt in ArbG Bochum 9. 8. 1979, DB 1980, 214; dazu AR I 426.

II. Die Wirkungsweise der Grundrechte

Der Schutz von Leben und Gesundheit kann mit anderen Grundrechten in Konflikt geraten, auch hier muß die Rechtsprechung schlichten: so etwa, wenn Beschäftigungsverbote unter Berufung auf Art. 3 II für unwirksam angesehen werden, weil sie nur für Frauen gelten. Diese Vorstellung ist nicht nur in der Bundesrepublik weit verbreitet; zu Unrecht, der Abbau des Frauenarbeitsschutzes unter Berufung auf eine insoweit mißverstandene Gleichberechtigung macht ein Jahrhundert der Humanisierung der Berufsarbeit zunichte. Das Kind wird in der Badewanne ertränkt. Geboten ist vielmehr auch hier eine Abwägung zweier Verfassungsgüter: Gesundheit gegen Gleichberechtigung, nicht steht etwa die einfache Schutznorm gegen die Verfassungsnorm des Art. 3 II[28].

Im übrigen kann der Arbeitgeber Einsatz des Lebens seines Arbeitnehmers nicht erwarten[29], außer bei Berufen, für die dieses Risiko typisch ist, wie etwa bei der Feuerwehr oder auch im Krankenhausbereich usw. Auch von einem Hochseilartisten kann er verlangen, sich in Höhen zu begeben, in die zu blicken einem normalen Sterblichen schon unten schwindelig wird. Erfüllungszwang ist natürlich auch hier ausgeschlossen; aber die Verpflichtung ist wirksam, der Arbeitnehmer, der vor der Gefahr zurückweicht, verletzt den Arbeitsvertrag und macht sich schadenersatzpflichtig[30].

Der Beurteilungsspielraum des Gesetzgebers ist weit, aber nicht unbegrenzt. Wo er eines der beiden konkurrierenden Rechtsgüter verletzt, also bei einem „klaren Verstoß" (BAG), ist das Gesetz verfassungswidrig. Hier unterscheiden wir Gesetze vor und nach Inkrafttreten des GG.

Bei vorkonstitutionellen Gesetzen, namentlich den großen Kodifikationen, ist der Richter in ihrer Unterwerfung unter die heutigen Gegebenheiten und Vorstellungen einer gerechten Ordnung, wie sie im Grundgesetz verlautbart werden, freier[31]. Einer Vorlage an das Bundesverfassungsgericht bedarf es nicht[32]. Ein Beispiel ist die „Auslegung", die das BAG § 60 I HGB im Licht von Art. 12 GG gegeben hat. Nach dieser Vorschrift darf der Handlungsgehilfe ohne Einwilligung des Arbeitgebers kein selbständiges Handelsgewerbe nebenher betreiben; das BAG hat das auf solche Tätigkeiten begrenzt, die dem Arbeitgeber Wettbewerb machen[33]. Auch beim Ausgleich der Unter-

---

[28] Gamillscheg, Festschrift Strasser (1983) 209 ff.; Herschel, BB 1986, S. 384 f.; AR I 379 f.; zum Nachtarbeitsverbot s. unten IV 5. – Was die Ausbeutung der Frauenarbeit unter Berufung auf ihre Gleichberechtigung für Verwüstungen anzurichten im Stande ist, zeigt das Beispiel der Sowjetunion, wo dies inzwischen offen beklagt wird (unten IV 5, Anm. 44).

[29] Vgl. den englischen Fall *Ottoman Bank v. Chakarian* [1930] A. C. 277 (Ausschreitungen des Pöbels in Konstantinopel).

[30] Für einen Widerruf mit Ersatz des Vertrauensschadens Canaris, AcP 1984, 233 f.

[31] Vgl. statt aller BAG, GS, AP Nr. 14 zu § 611 BGB Beschäftigungspflicht = E 48, 122 (137).

[32] Stern II 584.

schiede zwischen den verschiedenen Gruppen der Angestellten nimmt sich die Rechtsprechung einige Freiheit zur Anpassung[34].

Erachtet der Richter ein nachkonstitutionelles Gesetz als einen solchen klaren Verstoß gegen ein Grundrecht, muß er nach Art. 100 vorlegen[35]; aber auch die Verfassungsbeschwerde kann das (neue wie ältere) Gesetz zu Fall bringen.

Wichtigstes Opfer einer Aufhebung wegen Verfassungswidrigkeit war das Hausarbeitstagsgesetz Nordrhein-Westfalen[36]. Die Entscheidung ist indessen bedauerlich; dem Zug der Zeit folgend gibt sie dem Frauenarbeitsschutz nicht, was dieser von einem Sozialstaat zu verlangen hat. – Verfassungswidrig ist auch die unterschiedliche Behandlung von Arbeitern und Angestellten bei den Kündigungsfristen[37]. – Zur Auslegung und Anpassung von § 9 I MuSchG im Lichte von Art. 6 IV s. unten III 3 e.

Die Entwicklung bleibt freilich auch bei den neueren Gesetzen nicht stehen. So ist der Interessenkonflikt in § 1 KSchG 1951 in der Weise gelöst worden, daß die Kündigung wirksam ist, wenn eine Versetzung im Kündigungsbetrieb nicht möglich war; die Rechtsprechung hat das nicht gehindert, dem Arbeitnehmer über die Fürsorgepflicht Anspruch auf Versetzung in einen anderen Betrieb desselben Unternehmens zu geben[38], und dieser Gedanke ist immer weiter ausgebaut worden (unten III 3 f (1)).

e) Auch die Tarifpartner haben die gleiche Aufgabe. Daß ihnen das Feld der Normierung der Arbeitsbedingungen überlassen werden kann, beruht auf dem Gleichgewicht der Macht, das eine Regelung erwarten läßt, die beiden Seiten gerecht wird (unten V 2 e).

f) Es bleibt das wichtigste: die Ausfüllung der zahllosen Freiräume, die das Gesetz teils bewußt, wie das BGB im Vertrauen auf die Vertragsfreiheit oder das KSchG in Zubilligung der privaten Kündigung (praktisch: der Macht, den Arbeitnehmer von seinem Arbeitsplatz bis zur gerichtlichen Klärung vorläufig, tatsächlich aber doch meist endgültig, einseitig auszuschließen), teils durch Scheinregelungen in Form von Generalklauseln oder Leerformeln, teils auch unbewußt gelassen hat, oder die der Richter füllen muß, weil im Grunde jedes menschliche Wort auslegungsfähig ist oder weil der Text des Gesetzes die

---

[33] BAG, AP Nr. 4 (= E 22, 344) und 10 (= E 42, 329) zu § 60 HGB; AR I 190.

[34] Vgl. die „Erwägung" des BAG, AP Nr. 47 zu § 616 BGB, ob die §§ 63 HGB und 133 c GewO für andere als Krankheitsfälle weiter gelten sollen, dazu AR I 257 f., und die Rechtsprechung zur Pflege eines erkrankten Kindes in Anlehnung an § 185 c RVO, BAG, AP Nr. 49 zu § 616 BGB = E 32, 32, dazu AR I 258 f.; vgl. auch Becker, DB 1987, 167 ff.

[35] Vgl. etwa BAG, AP Nr. 37 zu Art. 33 II GG = E 54, 340 (352).

[36] BVerfG, AP Nr. 28 zu § 1 HATG NRW = E 52, 369; AR I 380 f.

[37] BVerfG, AP Nr. 16 zu § 626 BGB = E 62, 256; zweifelnd Starck, Bem. 17 zu Art. 3 GG; Einzelheiten AR I 414 ff. – Vorlage zur Prüfung der Verfassungsmäßigkeit von § 1 III Nr. 2 LFG: BAG, AP Nr. 72 zu § 1 LohnFG = E 54, 374.

[38] Vgl. BAG, AP Nr. 27 zu § 611 BGB Fürsorgepflicht = E 7, 321; AR I 483 f.

II. Die Wirkungsweise der Grundrechte

arbeitsrechtliche Vorprüfung auf soziale Verträglichkeit nicht besteht, oder weil an sich unanfechtbare Regelungen oder organisatorische Maßnahmen durch ihr Motiv oder auch durch ihr Übermaß anfechtbar werden können, also in dem breiten Raum von Auslegung, Lückenfüllung und richterlicher Rechtsfortbildung.

Wenn, wie oben d gezeigt, die vom Gesetz bewußt gelassenen Lücken des § 1 KSchG nicht durch Rückgriff auf Art. 12 aufgefüllt werden dürfen, so ändert das nichts daran, daß dieses Grundrecht in allen übrigen Beziehungen, insbesondere für das Verständnis der Kündigungsgründe des § 1 KSchG und des wichtigen Grundes des § 626 BGB, zur Richtlinie wird[39].

Diese Lücken sind nicht, wie vielfach angenommen wird, eine Art Restgröße von „rein theoretischem Interesse"[40] gegenüber dem durch das Gesetz abgedeckten Raum, sondern der Kernbereich des Problems überhaupt, zumindest der Fälle, die vor den Richter kommen. Seine Aufgabe ist stets die gleiche, so daß die Abgrenzung zwischen Auslegung und Rechtsfortbildung entbehrlich ist (sie wäre auch anders als durch Schaffung einer neuen Leerformel nicht zu erreichen[41]). In diesem Bereich trifft der Richter, wie schon oben c gesagt, die eigentliche Entscheidung: er sagt schließlich ja oder nein, die Kündigung ist unbegründet, die Überwachungsanlage abzuschalten, die Gratifikation zurückzuzahlen, die Arbeitspflicht ruht, oder jeweils das Gegenteil davon. Er tut dies auf der Grundlage einer gedachten richterlichen Norm, wie er sie als Gesetzgeber schaffen würde, einer Norm, die ihn vor der Kadientscheidung bewahrt: wenn „in solchen Fällen" die Klage abzuweisen ist, kann ihr nicht „in diesem Fall" stattgegeben werden (weil der Arbeitgeber ein reicher Mann ist). Diese „dezisionistische" Entscheidung ist *um so notwendiger, je willkürlicher sie erscheint*, ist dies doch ein Zeichen dafür, daß es an gemeinsam gebilligten Maßstäben eben fehlt[42]. Setzt sich die richterrechtliche Norm durch, dann schafft sie damit Rechtssicherheit. Sie wird zu einem Teil (oder einer Grenze) des Grundrechts in seiner konkreten, wenn auch wandelbaren Gestalt[43]. Die Praxis pflegt sich danach zu richten, und es entsteht so ein Stück Rechtssicherheit; freilich gibt es hinreichende Beispiele auch für spätere Änderungen früherer Meinungen[44]. Der Richter folgt dabei „bewährter Lehre

---

[39] Vgl. die Parallele bei der Auslegung des „wichtigen Grundes" in § 119 I AFG, dazu BSG 18.2.1987, NZA 1988, 221; LSG Niedersachen 26.-4. 1986, AfP 1987, 448.
[40] So Schwabe, Die sog. Drittwirkung der Grundrechte (1971) 65.
[41] Gegen die Überschätzung dessen, was der Begriff „Lücke" zu leisten vermag, auch Zöllner, in: Das Recht in einer freiheitlichen Industriegesellschaft, Veröffentlichungen der Walter-Raymond-Stiftung 26 (1988) 55 ff.
[42] Vgl. Gamillscheg, RdA 1968, 408. – Zur Präzisierung durch den Richter im allg. oben Anm. 4.
[43] Vgl. als Beispiel BVerfG, AP Nr. 99 a zu § 611 BGB Gratifikation; Stern, III/1, 1476 ff.
[44] Ein Beispiel: Gleichheitsverstoß beim Ausschluß von Arbeitnehmern im gekündigten Arbeitsverhältnis, AR I 47 f.

und Überlieferung"⁴⁵, so die berühmte Formel in Art. 1 ZGB. In erster Linie schöpft er die Lösung aus den Vorgaben der vorhandenen (neueren) Gesetze, und, wenn diese Hilfen, wie häufig, vor einem neuaufgetauchten Problem versagen, nach seinem an eben dieser Überlieferung geschulten Rechtsgefühl, dem „feinen Sinn für das Gerechte" (Herschel). Dem Wandel der Anschauungen ist dabei vorsichtig Rechnung zu tragen⁴⁶, und so beruht denn das Wohl und Wehe der abhängigen Arbeit, und damit der Gesellschaft überhaupt, auf seiner Unparteilichkeit und Abgelöstheit vom politischen Tageskampf, auf der Verpflichtung des Richters auf die Rechtsidee.

Deswegen kann man die Erscheinungen der Politisierung der Richterschaft, an denen es nicht mangelt, nur mit tiefer Sorge betrachten⁴⁷, eine Sorge, die durch die Erfahrungen der Vergangenheit im eigenen Land⁴⁸ wie im sowjetischen Machtbereich⁴⁹ geprägt wird.

Was freilich nach solcher Konkretisierung verfassungsfest, was unterverfassungsrechtlich ausgestaltet ist, verläßlich abzugrenzen, dafür gibt es bisher keine brauchbaren Anweisungen⁵⁰; im Bereich des Art. 9 III ist dies unter der Überschrift „unerläßlich" besonders deutlich geworden (unten V 2 d (1)).

Das obige ist eine Feststellung, kein Bekenntnis, nicht anders wie die Analyse der Rechtsprechung, die ich vor 25 Jahren vorgelegt habe. Es nützt nichts, all das nicht wahrhaben zu wollen, weil es mit unseren Vorstellungen von der Gewaltenteilung unvereinbar ist, weil der Richter „grundsätzlich an hinreichend klare, detaillierte und bestimmte Normen gebunden"⁵¹ wäre.

Ob das nun Richterrecht⁵² oder lediglich eine Erkenntnisquelle für ein (bisher unerkanntes, erstmals ans Tageslicht gefördertes) Recht (das freilich

---

⁴⁵ „Konkreten gesellschaftspolitischen Ordnungsvorstellungen", so Eckhold-Schmidt (oben I Anm. 3) 110.
⁴⁶ Dazu vgl. Stern I 160 ff.; Bleckmann 77 ff.
⁴⁷ Vgl. zu einer allzu engen Verschwisterung einzelner Arbeitsrichter mit der Gewerkschaft Hanau, ZIP 1984, 1165; zur sachlichen und persönlichen Unabhängigkeit des Richters im allgemeinen Stern I 845 f.; Barbey, Handbuch des Staatsrechts III (1988) § 74, insb. Bem. 74.
⁴⁸ Rüthers, Die unbegrenzte Auslegung (1968); s. auch dens. in: Walter-Raymond-Stiftung (oben Anm. 41), 41 f.
⁴⁹ Im Zeichen der sich bildenden Meinungsfreiheit ist die sog. „Telefonjustiz" (= Einflußnahme der Partei auf richterliche Entscheidungen) zu einem vielbesprochenen Thema der Kritik geworden.
⁵⁰ Dazu im allgemeinen Stern I 123 ff., zur richterlichen Abwägung 133.
⁵¹ So Hermes (oben Anm. 17) 104; ähnlich Richardi: „Der Richter hat keine politische Gestaltungsaufgabe, sondern nur die Kompetenz zur Rechtsfindung", Festschrift Molitor (1988) 277, 279. – Gegen die Einzelabwägung auch Conrad, Freiheitsrechte und Arbeitsverfassung (1965) 163; wie hier Eckhold-Schmidt (oben I Anm. 3) 94.
⁵² Das Schrifttum zum Richterrecht im Arbeitsrecht ist kaum übersehbar, vgl. etwa aus neuerer Zeit Diederichsen, Gedächtnisschrift Dietz (1973) 225 ff.; Hilger, Festschrift Larenz (1973) 109 ff. und RdA 1981, 6 ff.; Heussner, Festschrift Hilger/Stumpf (1983) 317 ff.; Reuter, RdA 1985, 321 ff.; Bydlinski, JZ 1985, 149 ff.; Dieterich, RdA 1986, 2 ff.; Mayer-Maly, JZ 1986, 557 ff.; Lerche, NJW 1987, 2465 ff.; Picker, JZ 1988,

weder Gesetz noch Gewohnheitsrecht wäre) ist, ist Gegenstand eines umfangreichen Streits, der hier in seinen Breiten nicht aufgeblättert werden kann.

Trotz einer zuweilen geäußerten entgegenstehenden Sorge verkennt niemand, daß das Gesetz gegenüber dem Richterrecht den Vorrang verdient: der Gesetzgeber ist frei, eine mißliebige richterliche Entscheidung zu berichtigen, und hat dies auch schon vielfach getan[53]. Der Richter kann dagegen das Gesetz nicht deshalb beiseiteschieben, weil er es nicht für weise hält; daß der Versuchung hierzu nicht immer widerstanden wird, ist freilich ebenso wahr[54]. Aber die Gegenstände, die der Gesetzgeber sehenden Auges geordnet hat, verhalten sich zu den Fragen, die er übersehen hat, wie Inseln im Ozean des Ungeregelten: begreiflich, pflegt man sich doch über die Dinge, die ohnehin klar sind, nicht bis vor das höchste Gericht hin zu streiten. Der Richter kann aber die Parteien nicht mit der Botschaft nach Hause schicken, daß das Gesetz für ihren Streit keine Lösung bereithält. Das Richterrecht ist „harte Rechtswirklichkeit, nicht bloße Rechtserkenntnisquelle. Seine Verteidiger haben es nicht erfunden, seine Gegner werden es nicht abschaffen"[55]. Ob man ihm die Qualität als Rechtsquelle, wenn auch, wie erwähnt, mit gegenüber dem Gesetz geringerer Festigkeit, einräumt, oder dies nur bei „konventionell-historisch verengter Betrachtungsweise"[56] bejaht oder ihm nur „gesetzesähnliche Wirkung"[57] zuerkennt, ist letztlich eine Frage der Begriffsbestimmung von „Recht". Eines ist jedenfalls sicher: ohne die richterliche Rechtsfortbildung stünden wir heute noch auf dem Stand von 1900, der soziale Rechtsstaat wäre erst noch zu schaffen[58].

---

1 ff., 62 ff.; von Hoyningen-Huene, BB 1986, 2133 ff.; Blomeyer, NZA 1988 Beilage 1, S. 3 ff.; Wank, Grenzen richterlicher Rechtsfindung (1978). – Zum allgemeinen Methodenschrifttum s. nur Larenz, Methodenlehre der Rechtswissenschaft (5. Aufl. 1983); Kriele, Theorie der Rechtsgewinnung (1967) 243 ff.; Kirchhof, NJW 1986, 2275 ff.; Stern II 581 ff.; Ossenbühl, Handbuch des Staatsrechts III (1988) § 61 Nr. 35 ff.; Bettermann, ebda. III § 73 Nr. 28.

[53] Vgl. etwa § 74 III BetrVG 1972 zu BVerfG, AP Nr. 16 zu Art. 9 GG = E 28, 295, unten V Anm. 5 (gewerkschaftliche Betätigung durch Betriebsratsmitglied); § 87 Z. 6 BetrVG 1972 zu BAG, AP Nr. 1 zu § 56 BetrVG 52 Ordnung des Betriebs = E 9, 238 (Produktograph), dazu AR II 376. – Im allg. Starck, Veröffentlichungen der Vereinigung der Deutschen Staatsrechtslehrer, Heft 34, S. 43 ff.

[54] Vgl. zu § 611a II BGB unten III 3 b und die Warnung von Rüthers, Festschrift Molitor (1988) 299, vor der „präterlegalen Usurpation" der Befugnisse zur Umgestaltung der Rechtsordnung und vor dem „eigenen rechtspolitischen Gestaltungswillen der Richter", „im Arbeitsleben nicht selten zu beobachten"; s. auch Badura, Festschrift Berber (1973) 11 ff. (13).

[55] Herschel, AuR 1972, 129; s. auch dens., Festschrift Erich Molitor (1962) 168; Rüthers (vor. Anm.) 296 ff.; LAG Hamm 22.1.1982, DB 1982, 961. – Herzog, Rechtsfortbildung durch Richterrecht in der Bundesrepublik Deutschland, in: Walter-Raymond-Stiftung (oben Anm. 41) 21 ff. (28 f.), nennt den Vorbehalt des Gesetzes, insoweit er der richterrechtlichen Entwicklung (insb. im Arbeitsrecht) entgegengehalten wird, eine „anachronistische Sonderentwicklung des deutschen Verfassungsrechts".

[56] Ossenbühl, in: Erichsen/Martens, Allgemeines Verwaltungsrecht (7. Aufl. 1986) 107 ff.

[57] Blomeyer, Festschrift Obermayer (1986) 15 ff.; Lerche, NJW 1987, 2465 ff., bestätigt dem Richterrecht einen „hohen Anteil an schöpferischer Kraft".

[58] AcP 1964, 444 f.: Bleckmann 234 f. – Unterschätzung dieser großen Aufgabe bei Friauf, Walter-Raymond-Stiftung (oben Anm. 41) 36.

Der Abwägungsvorgang vollzieht sich in neuerer Zeit immer häufiger in offener Nennung der im Spiele stehenden Grundrechte und Interessen, in älterer Zeit, und auch heute noch nicht selten, jedoch im Gewande der Generalklauseln wie Fürsorgepflicht[59], Unzumutbarkeit[60], Rechtsmißbrauch usw. Für die Lehre von der mittelbaren Drittwirkung (unten IV 2) bilden diese den einzigen Weg zur Berücksichtigung grundrechtlicher Werte.

Immer wieder sind auch Interessen Dritter in die Abwägung einzubeziehen. Auf Arbeitnehmerseite können insbesondere mehrere Personen beteiligt sein, wie bei der sozialen Auswahl, § 1 III KSchG, wo es grundsätzlich auf die Schutzbedürftigkeit (Alter, Unterhaltspflichten, Betriebszugehörigkeit, andere Umstände) ankommt, der sozial stärker Schutzbedürftige jedoch dann gehen muß, wenn der weniger schutzbedürftige Arbeitnehmer für den Arbeitgeber unentbehrlich ist, § 1 III S. 2. Einer übermäßigen Ausweitung des Kündigungsschutzes ist entgegenzuhalten, daß damit die Aussichten der Arbeitslosen weiter verschlechtert werden[61]; diese Überlegung hat sogar das Bundesverfassungsgericht, freilich an falscher Stelle, eingebracht[62].

Dritte Personen (= die anderen Arbeitnehmer) sind in die Abwägung auch einzubeziehen, wo es sich um Verzichte und Opfer im Interesse der Erhaltung der Arbeitsplätze handelt (unten III 3 g), und dies kann sich auch mit der Arbeitsmarktlage ändern. So wird man eine Gesamtvereinbarung, die das Ende des Arbeitsverhältnisses mit Erreichen des 65. Lebensjahres vorsieht, in Zeiten des Arbeitskräftemangels kritischer betrachten als dann, wenn auf den freigemachten Arbeitsplatz ein Arbeitsloser eingestellt werden soll[63].

3. a) Ausgangspunkt des Arbeitsrechts als eines besonderen Zweigs des Privatrechts und der Entwicklung der Grundrechte in diesem Bereich ist die Unterlegenheit des Arbeitnehmers gegenüber dem Arbeitgeber als dem Besitzer der Produktionsmittel, der über die Arbeitsplätze verfügt, das sog. *Machtgefälle*. Zwar besteht rechtlich Parität: der Arbeitnehmer braucht die Stelle nicht anzunehmen, wenn ihm die Bedingungen nicht zusagen[64]. Es zeigt aber

---

[59] Vgl. nur BAG, AP Nr. 3 zu § 611 BGB Schweigepflicht (Abwägung von Treupflicht und Fürsorgepflicht).
[60] Dazu auch Preis, Zeitschrift für Gesetzgebung 1988, 319 ff. (333 ff.).
[61] Das übersieht BAG, AP Nr. 21 zu § 1 KSchG 1969 Betriebsbedingte Kündigung = E 46, 191 (202) (unten III Anm. 119); dagegen Gamillscheg, AuR 1989, 36 und AR I 484. Zu den Anfängen dieser Entwicklung s. oben Anm. 38.
[62] AP Nr. 1 zu Art. 5 GG Rundfunkfreiheit = E 59, 231; unten III 3 h und AR I 100.
[63] Vgl. einerseits BAG, AP Nr. 1 zu § 1 KSchG Personenbedingte Kündigung = E 11, 278, dazu Hanau, RdA 1976, 24 ff.; AR I 458 f.; andererseits BAG, AP Nr. 2 zu § 620 BGB Altersgrenze (1987).
[64] Diese rechtliche, „normative", Parität verführt immer wieder dazu, arbeitsrechtliche Lagen bei Arbeitgeber und Arbeitnehmer spiegelbildlich zu beurteilen: so will eine verbreitete Meinung Einschränkungen des Rechts zur Kündigung durch den Arbeitgeber aus wichtigem Grund nicht anerkennen, weil entsprechend eine vertragliche Beschränkung des Rechts des Arbeitnehmers unzumutbar wäre, dazu Hueck-Nipperdey, Lehrbuch des Arbeitsrechts (7. Aufl.) I 596; dagegen Gamillscheg, AuR 1981,

II. Die Wirkungsweise der Grundrechte

die Erfahrung der letzten 150 Jahre, daß dem eine wirtschaftlich gleiche Stärke, noch dazu in Zeiten der Arbeitslosigkeit, also ein Gleichgewicht am Verhandlungstisch, nicht entspricht: der Arbeitgeber sitzt am längeren Hebel, deshalb kann die Regelung der Arbeitsbedingungen nicht dem Arbeitsvertrag überlassen bleiben. Das BGB hat das verkannt[65]: es unterwirft den Arbeitsvertrag den Regeln des Allgemeinen Teils und des Allgemeinen Schuldrechts, die nach dem Bilde des Kaufvertrags geformt sind, das jedoch zwei gleich starke Partner voraussetzt, für die allein die Vertragsfreiheit geschrieben ist. Damit ist es gerade die große Kodifikation, von der so viele die Verwirklichung grundrechtlicher Werte im Zivilrecht erwarten (oben Anm. 22), vor der der Arbeitnehmer geschützt werden muß – eben durch die Drittwirkung. Von Beispielen für die Abkehr vom BGB ist das Arbeitsrecht übervoll[66]. Wo der eine darauf angewiesen ist, zu nehmen, was der andere ihm bietet, wird der Vertrag zum Diktat, seine Durchsetzung durch die staatliche Macht zum staatlichen Unrecht. Als Mittel der Interessenwahrung scheidet der Arbeitsvertrag aus.

Seit es ein Arbeitsrecht gibt, wird dieses Machtgefälle[67], die Unterlegenheit des Arbeitnehmers beim Aushandeln der Arbeitsbedingungen, kritisiert. So sagen schon

---

105 ff. und AR I 438 f.; dagegen wiederum Hillebrecht, in: Gemeinschaftskommentar zum Kündigungsschutzgesetz (3. Aufl. 1989), Bem. 37a zu § 626 BGB. Kennzeichnend für die darin liegende Unempfänglichkeit für das Machtgefälle, das doch immerhin die Daseinsberechtigung des Arbeitsrechts bildet, auch der Satz von Meisel, Arbeitsrecht für die betriebliche Praxis (5. Aufl. 1988) 75: „Der Abschluß des Arbeitsvertrages ist eine freie Entscheidung von Arbeitgeber und Arbeitnehmer. So wie jeder Bürger die Freiheit hat, sich unter den offenen Stellen die ihm passendste auszusuchen oder selbständig ein Gewerbe zu betreiben, kann der Unternehmer darüber entscheiden, ob und wen er als Arbeitnehmer einstellt". Nicht viel besser Lecheler, Staatsrechtslehrervereinigung (oben I Anm. 6) 66: „... dabei wird übersehen, daß die Existenz einer Vielheit von Arbeitgebern sowie die Freiheit, unter ihnen wählen zu können, die Grundlage für ein freies Arbeitsrecht bildet". Die Auswahl des Arbeitsplatzes erscheint in diesen Zitaten wie der Kauf eines Gebrauchtwagens.

[65] Eine Andeutung des Ungleichgewichts in § 624!
[66] Gamillscheg, AcP 1976, 197 ff. und AR I 6 f. mit Nachweisen.
[67] Zum Machtgefälle, vielfach mit dem Hinweis auf eine Monopolstellung, vgl. Stern III/1, 1586 ff.; Starck, Bem. 199 zu Art. 1; Hesse, Grundzüge des Verfassungsrechts der Bundesrepublik Deutschland (16. Aufl 1988) Nr. 357; Leisner 379 ff.; Maunz-Dürig-Herzog-Scholz, Bem. 511 zu Art. 3 und Scholz, unten IV 4; Bleckmann 257; Frey, AuR 1961, 234 ff.; Forsthoff, Festschrift Carl Schmitt (1959) 35 ff. (45 f.), und ders., Rechtsstaat im Wandel (1964) 158; Conrad, Freiheitsrechte und Arbeitsverfassung (1964) 149; Schwabe, Die sogenannte Drittwirkung der Grundrechte (1971) 68; Säcker, Gruppenautonomie und Übermachtkontrolle im Arbeitsrecht (1972) 228 ff. (231); Westhoff, RdA 1976, 362; Badura, Festschrift Berber (1973) 11 ff. (14); Blomeyer, ZfA 1980, 1 ff. (22); Reuter, Anm. AP Nr. 78 zu § 611 BGB Gratifikation; Kirchhof, Private Rechtssetzung (1987) 527; Linnenkohl u. a., BB 1988, 57 ff.; Merten und Breuer, Handbuch des Staatsrechts VI §§ 144 Nr. 46 und 147 Nr. 31; Wolf, Rechtsgeschäftliche Entscheidungsfreiheit und vertragliche Interessengegensatz (1970); Hönn, Kompensation gestörter Vertragsfreiheit (1982). – Für die Auslegung von Art. 118 WV s. die Nachweise bei Dürig, Festschrift Nawiasky Anm. 26; für Österreich vgl. Loebenstein, Festschrift Strasser (1983) 759 ff. (760, 768). – Daß die Wirtschaftswissen-

die Motive zum Entwurf des Arbeitsschutzgesetzes (1890), daß dem „Proletarier" „beim Vertragsabschluß jede Einwirkung auf die einzelnen Bedingungen des Arbeitsvertrages entzogen ist"[68]; nicht anders das Bundesverfassungsgericht, wenn es sagt, der Arbeitsvertrag sei ein „unzureichendes Instrument zur Begründung eines sozial angemessenen Arbeitsverhältnisses"[69].

Wesentlicher Teil des Machtgefälles ist auch die intellektuelle Unterlegenheit des Arbeitnehmers: nicht nur, daß dem Arbeiter vielfach die Schulbildung fehlt, um seine Rechte auch nur zu kennen[70], steht dem Arbeitgeber der Apparat seines wissenschaftlich ausgebildeten Stabes zur Seite, dem der Arbeitnehmer nichts entgegenzusetzen hat. Gesetzlicher Ausdruck dieser Unterlegenheit sind etwa §§ 37 VI und VII BetrVG[71] und die Arbeitnehmer-Weiterbildungsgesetze der Länder. – Daß es glücklicherweise zahllose Arbeitsverhältnisse gibt, in denen dem Arbeitnehmer sein fairer Anteil ohne jeden Zwang gewährt wird, verschlägt demgegenüber nichts. Das Recht kann sich nur an die typischen Gegebenheiten halten, und es muß für den ungünstigen Fall vorsorgen.

Schon daß das Arbeitsrecht so gut wie ausschließlich zwingendes Recht ist, ist allein Beweis genug dafür, daß auch der Gesetzgeber von diesem Ungleichgewicht ausgeht. Wäre dem nicht so, wäre in einer freiheitlichen Gesellschaft ein zwingendes Gesetz, das der Person Schutz gegen ihren Willen aufdrängt, ein Übermaß, das am Grundsatz der Verhältnismäßigkeit scheitern müßte.

Die wirtschaftliche und intellektuelle Übermacht des Arbeitgebers gestattet es, ihn unter den Begriff der *sozialen Macht* einzureihen (einige Einschränkungen unten b). Der Ausdruck stammt von Hugo Sinzheimer[72]. Er bezeichnet die Einflußreichen in Politik, Wirtschaft und Gesellschaft, die sich zwi-

---

schaftler das Ungleichgewicht nicht genau messen können, besagt – entgegen Rittner, AcP 1988, 100 ff. – angesichts der Erfahrungen der letzten 150 Jahre nichts. – Gegen die These vom Ungleichgewicht freilich Zöllner, AcP 1976, 221 ff. („Begründungsschablone". – A. A. indessen Zöllner, Arbeitsrecht (3. Aufl. 1983) 2); Zöllner folgend Lieb, Gutachten und Vorschläge zur Überarbeitung des Schuldrechts, III (1983) „Dienstvertrag" 185 ff. (223), der das Machtgefälle „eine Floskel" nennt und meint, bei der Berufung hierauf würde man den Ausgleich durch das Schutzinstrumentarium des kollektiven Arbeitsrechts gänzlich außer Acht lassen. Der Leser dieses Berichts wird sich davon überzeugen, wie unhaltbar das ist. Auch Leisner, immerhin einer der Mitbegründer der Lehre von der Drittwirkung, nennt das Ungleichgewicht „die große heilige Kuh des Arbeitsrechts", in: Der Gleichheitsstaat (1980) 240.

[68] Lt. Lotmar, Der Arbeitsvertrag I (1902) 228 Anm. 2.

[69] BVerfGE 34, 307 (316); ähnlich BAG, AP Nr. 6 zu § 87 BetrVG 1972 Auszahlung.

[70] Zur Hilflosigkeit eines türkischen Gastarbeiters treffend Canaris, AcP 1984, 239 Anm. 120.

[71] AR II 296 ff.; vgl. auch zum Schutzzweck des § 4 BetrAVG BAG, AP Nr. 4 zu § 4 BetrAVG.

[72] Stern III/1, 1586 Anm. 399. – Gern gebe ich zu, daß „soziale Macht" auch mir heute etwas dramatisch klingt – aber immerhin: Sinzheimer! – und daß der Ausdruck „Machtgefälle" besser zusagt. Niemand ist zu alt, um dazuzulernen.

II. Die Wirkungsweise der Grundrechte

schen den Bürger und den Staat geschoben haben („intermediäre Mächte", Werner Weber, „gesellschaftliche Macht", Böckenförde, „mächtige Oligarchien", Leisner) und die einen der staatlichen Gewalt vergleichbaren Einfluß auszuüben imstande sind, ohne dessen demokratische Legitimation zu besitzen. Soll die Einheit der Rechtsordnung[73], der freiheitliche und soziale Zuschnitt des Gemeinwesens, nicht in Frage gestellt werden, dann müssen auch diese Mächte an die Grundrechte mit dem Inhalt, der sich aus der gegenseitigen Abwägung ergibt, gebunden werden; daß sie dadurch „notwendigerweise" ihre Eigenschaft als Grundrechtsträger verlieren müssen, ist nicht einzusehen[74]. Dies bedarf keiner Vertiefung, insoweit sie den staatlichen Gesetzen unterworfen sind, wo diese im Vollzug des grundrechtlichen Konkretisierungsauftrages die beiderseitigen Bereiche gegeneinander abgegrenzt haben. Der Arbeitnehmer muß indessen auch dagegen geschützt werden, daß er seine Rechte im Vertrag aufzugeben genötigt wird oder sie aus Sorge um den Verlust des Arbeitsplatzes nicht wahrnimmt, wo und soweit dies durch vorgehende Notwendigkeiten der Produktion nicht gefordert wird. Hier ist der Ort, wo die Grundrechte mit ihrer zwingenden Wirkung in Erscheinung treten.

Um dies zu begründen, bedarf es einer rechtlichen Brücke: denn im Verständnis der Schöpfer des GG waren die Grundrechte (mit Ausnahme von Art. 9 III) lediglich Abwehrrechte gegen den Staat (unten IV 1 b).

Das war freilich nicht immer so. Die Vergangenheit kennt auch Freiheitsrechte, die gegen den einzelnen Mächtigen im Lande gerichtet waren[75]. Doch kann man wohl davon ausgehen, daß die Schöpfer des GG selbst die Grundrechte als staatsgerichtet verstanden haben.

Die rechtliche Brücke zwischen Staatsrichtung und Drittwirkung ist die *Analogie*[76]. Sie setzt zunächst voraus, daß der Bereich, für den die entsprechende Anwendung der Norm vorgesehen wird, von ihr nicht schon geregelt ist, mithin daß insoweit eine Lücke besteht. Das Bestehen einer Lücke wird in unserem Fall bestreiten, wer meint, daß der Gesetzgeber die Geltung der Grundrechte im Drittwirkungsbereich bewußt verneint habe, doch wird das, soweit ersichtlich, heute wohl nicht mehr vertreten[77], dem stünde auch die überwältigende Fülle der Beispiele entgegen, die für eine „Wirkung" der

---

[73] Die „Kongruenz von Verfassungsrecht und einfachem Recht": Rüfner, Gedächtnisschrift Martens (1987) 216.
[74] So aber Böckenförde, bei Posser/Wassermann, Freiheit in der sozialen Demokratie (1978) 84; zutreffend dagegen 87 f.
[75] Zur Geschichte der Grundrechte vgl. Stern III/1, 1515 ff.; Starck, Bem. 195 ff. zu Art. 1, und JuS 1981, 243 f.; Bleckmann 1 ff.; Leisner 3 ff., 293 ff.; Jaraß, AöR 1985, 373 f. – Auch die Weimarer Verfassung sah in den Grundrechten vor allem die Abwehrrechte, obwohl Art. 118 I 2, anders als Art. 5 GG, den Schutz der Meinungsfreiheit ausdrücklich auf das Arbeitsverhältnis erstreckt hat; dazu ausführlich Conrad (oben Anm. 67) 15 ff.
[76] So der Sache nach auch Leisner 147 und 285 ff.
[77] Nachweise für die Zeit vor 1960 bei Leisner 310 f.

Grundrechte im Arbeitsverhältnis sprechen, wie immer man diese selbst dogmatisch einfädelt (unten IV). Insoweit ist mithin der Weg frei für die entsprechende Anwendung des Grundrechts. Gegenstand dieser Anwendung ist das in den Normen verkörperte Verbot, die Grundrechte zu verletzen, also die Würde des Menschen anzutasten, Männer und Frauen ungleich zu behandeln, Glauben oder Meinung zu unterdrücken usw.; sie begründet entsprechende Unterlassungs- u. a. Ansprüche im zivilrechtlichen Bereich, ist Zivilrecht, was sonst? Niemand behauptet, daß der Maurer M. gegen seinen Arbeitgeber einen öffentlich-rechtlichen Anspruch hätte; Analogien vom öffentlichen zum Zivilrecht (und umgekehrt) gibt es auch sonst in hinreichender Zahl.

Tertium comparationis ist die Machtstellung, die geeignet ist, Grundrechte der Beteiligten (vor allem der Arbeitnehmer, aber gegenüber den Tarifpartnern auch des Arbeitgebers) zu verletzen. Die Gemeinde darf keine Satzung erlassen, die den Vertrieb einer mißliebigen Zeitung im Dorf unterbindet; ebenso wenig darf der Arbeitgeber dies im Großbetrieb tun (unten III 3 d): in beiden Fällen die gleiche Gefahr für die Meinungsfreiheit, sie verlangt den gleichen Schutz. Der Staat, der lebenswichtige Güter verteilt, darf keine Willkür walten lassen: wie dürfte dies das einzelne, sozial mächtige Unternehmen? Es gilt die einfache Überlegung: Beeinträchtigungen der Grundrechte und -freiheiten, die der Staat sich selbst verbietet, können auch dem Inhaber privater Macht nicht gestattet sein. Es gilt hier sogar ein „*Erst-Recht-Schluß*": wenn der demokratisch legitimierte und durch eine freie Presse überwachte Staat in Grundrechte seiner Bürger eingreift, also Persönlichkeitsrechte berührt, Telefonleitungen abhört, die Meinungsfreiheit beschränkt oder den Zugang zum Beruf erschwert, so tut er dies idealiter zur Förderung des Gemeinwohls und mit dem Willen der Mehrheit[78]. Anders der einzelne Unternehmer: ihm erlaubt man, seinen Gewinn zu suchen, und schützt ihn darin durch Art. 14; wenn nötig, eilt die Polizei herbei, um einer Betriebsbesetzung ein Ende zu machen. Anders auch der einzelne Verband: er wird allenfalls durch seine Mitglieder zu Eingriffen legitimiert, aber die Zahl der Ausstrahlungen seiner Handlungen auf Dritte ist groß, und auch im Verhältnis zum Mitglied ist die Wirklichkeit von der idealen Vorstellung, daß das Handeln des Verbandes stets dem Willen der Mehrheit entspricht, oft genug entfernt[79]; und wo es dies tut, bleibt immer auch die Minderheit zu schützen. Der Inhaber sozialer Macht wird um der Aufgaben willen geschützt, die er, wenn auch ohne staatlichen Zwang, im allgemeinen Interesse erfüllt (oben 2 b, unten V 2 c); es wäre ein unverständlicher Widerspruch, ihn, den niemand demokratisch legitimiert

---

[78] Mit Recht weist Stern III/1, 1258 die Vorstellung zurück, der Gesetzgeber sei der geborene Feind der Grundrechte; er könne „gegen Grundrechte verstoßen, aber er ist kein Antipode der Grundrechte" (das wäre auch noch schöner!).

[79] Zum Schutz der Arbeitnehmer vor der Bekanntgabe privater Daten durch den Arbeitgeber an die Gewerkschaft im Recht der Vereinigten Staaten vgl. Smith-Merrifield-St. Antoine-Craver, Labor Relations Law (7. Aufl. 1984) 600 mit Nachweisen; Duff-Johnson, LabLawJ 1983, 747 ff.

II. Die Wirkungsweise der Grundrechte

hat, von Bindungen freizustellen, die die staatlich organisierte Gemeinschaft sich selbst auferlegt[80]. Dies entspricht nicht nur der sozialstaatlichen[81], sondern vor allem auch der freiheitlichen Ausrichtung der Gemeinschaft.

Die h. M. lehnt das freilich alles ab. Daß das Machtgefälle zwischen Arbeitgeber und Arbeitnehmer ein entsprechendes Schutzbedürfnis begründet, wird zwar kaum mehr ernsthaft bestritten (oben Anm. 67); dennoch findet die Vorstellung einer Analogie zur staatlichen Gewalt keinen Beifall. Dürig[82] bezeichnet diese Ansicht als „überwunden", das Bundesverfassungsgericht[83] als „irrig, weil sie Nicht- Zusammengehöriges in ein einfaches Verhältnis von mehr und weniger bringen will", Stern 1591 als „abwegig"; auch Nipperdey, der ihr früher gefolgt war, hat sie später aufgegeben[84]. Selbst die Figur der Analogie als solche wird als „prekärstes juristisches Argumentationsmittel" bezeichnet[85]. Ich gebe zu, daß die hier vertretene Erklärung eines Ergebnisses, das kaum mehr Widerspruch findet, schlicht ist, sogar simpel; sie kann sich an konstruktiver Eleganz mit keiner der vielen Theorien messen, die für die Einwirkung der Grundrechte im Zivil- und Arbeitsrecht entwickelt wurden (unten IV). Ist sie deshalb falsch? Ich kann die gegen sie angeführten Gründe nicht als Widerlegung anerkennen. Wenn Stern a.a.O. sagt, private Machtüberlegenheit lasse „die privatrechtliche Qualität des Handelns oder Unterlassens unangetastet; es besteht kein Anlaß dafür, in die öffentlich-rechtlichen Kategorien der Subordination zu verfallen", so ist das richtig, aber doch wohl weniger dramatisch; vergleicht man „Subordination" mit „Weisungsunterworfenheit" und denkt man an die existentiellen Folgen des Verlustes des Arbeitsplatzes (manch einer zahlt lieber eine Strafe, als daß er für den Rest seiner Arbeitstage stempeln geht), so wird deutlich, daß, so man auf die „Einheit des Gesamtrechts in der Rechtsmoral" (Dürig) Wert legt, auch der privaten Macht entsprechende Zügel angelegt werden müssen; daß die Analogie die Regelung ins Privatrecht überführt, wurde bereits betont und ist kein Hindernis. Was an dieser Lehre also abwegig sein soll, muß erst noch dargelegt werden. – Im übrigen ist es nichts anderes als Analogie, wenn die Grundrechtswirkung auf „staatsdistanzierte Institutionen" wie Rundfunkanstalten, Universitäten, berufsständische (Zwangs)Einrichtungen oder auch die kommunalen Eigenbetriebe ausgedehnt wird, weil die Bürger auch ihnen gegenüber in eine „grundrechtstypische Gefährdungslage" geraten können[86].

---

[80] AcP 1964, 406 ff. – Vgl. auch Art. 14 der Verfassung des Kantons Jura: „... wer Grundrechte ausübt, hat die Grundrechte anderer zu achten. Niemand darf Grundrechte durch Mißbrauch seiner Machtstellung beeinträchtigen", laut Saladin, SJZ 1989, 378. – Wie hier im allg. AKGG-Denninger, Bem. 32 vor Art. 1 GG.

[81] Dazu Häberle, Wesensgehaltgarantie (oben II Anm. 4).

[82] Festschrift Nawiasky (1956) 158 und bei Maunz-Dürig-Herzog-Scholz, Bem. 130 zu Art. 1 III. Forsthoff (oben Anm. 67) 45 läßt die Drittwirkung allenfalls gelten, wenn sie auf den Schutz vor organisierter gesellschaftlicher Macht beschränkt wird und sich damit im Einklang mit den „traditionellen Auslegungsregeln" (sprich: der Analogie) befinden würde.

[83] E 7, 198 (220).

[84] Enneccerus-Nipperdey, Der Allgemeine Teil des Bürgerlichen Rechts, 1. Halbband (15. Aufl. 1959) 93 ff., gegen RdA 1950, 121 ff. (125); ablehnend auch Krause, JZ 1984, 656 ff. (657 f.); Kirchhof, Private Rechtsetzung (1987) 516 ff.

[85] Eckholdt-Schmidt (oben I Anm. 3) 105; Verf. übersieht bei ihrer Kritik an AcP 1964, 385 ff., daß ich mich dort ausdrücklich auf das Arbeitsrecht beschränkt hatte.

[86] So Stern III/1, 1340, 1421; Dürig, Festschrift Nawiasky 187.

Auch der Begriff der sozialen Macht wird angegriffen. Canaris rügt seine „außerordentliche Unbestimmtheit"[87], ein Schicksal, daß er freilich mit manchen anderen Begriffen teilt[88]. Für Stern 1592 verschwimmen „soziale Macht" und „private Gewalt" „im Nebel des Ideologischen", obwohl er sich S. 1589 noch wundert, daß „man die wie immer begründete gesellschaftliche Mächtigkeit nicht frühzeitiger auch als Problem der Bedrohung grundrechtlicher individueller Freiheitspositionen empfand, vor allem, daß man es unterließ, Parallelen zur Macht der Staatsgewalt zu ziehen". Mit dem Vorwurf der Ideologie kann man viele mundtot machen; eine Begründung liefert er nicht.

Für das Arbeitsrecht ist der Vorwurf der Unbestimmtheit und des Nebels unbegründet. Das Machtgefälle, von dem, wie erwähnt, auch der Gesetzgeber ausgeht, läßt sich mit hinreichender Sicherheit bestimmen; und wer die Grenzziehung dennoch scheut, muß dann eben das Arbeitsverhältnis der Grundrechtsbindung auch dort unterwerfen, wo dies nicht zwingend erscheint (unten b); viele solche Fälle gibt es ja nicht. Sieht man schließlich im Machtgefälle nicht nur Tatbestandsvoraussetzung, sondern auch die dogmatische Rechtfertigung der Drittwirkung, so ist auch der Vorwurf der Unbestimmtheit hinfällig. – Im übrigen wird die Wirkungsweise des Machtgefälles von den Kritikern verkannt. Macht ist keine Eigenschaft der Person als solcher, sondern ein relatives, jeweils „situationsgebundenes"[89] Kräfteverhältnis. Zwischen dem „großen Warenhauskonzern" und dem „kleinen Konsumenten" besteht das Machtgefälle gerade nicht, wenn sich die Konzerne um den kleinen Mann als Käufer bemühen; der kleine Gastwirt ist umgekehrt soziale Macht auch gegenüber der mächtigen Partei, wenn er im Vorfeld einer Wahl den einzigen Versammlungsraum zu vergeben hat. Mit Fällen, in denen die soziale Macht fehlt, kann man ihre Untauglichkeit als Analogiebrücke dort, wo sie gegeben ist, nicht beweisen[90].

Es gäbe noch eine andere Analogie: die Arbeitsverträge der öffentlichen Hand gehören zum Bereich des privatrechtlichen Handelns des Staates. Sie unterliegen damit der unmittelbaren Grundrechtsbindung[91]. Was aber für die

---

[87] Canaris, AcP 1984, 206 f., belegt dies mit meinen Überlegungen AcP 1964, 411 ff. Diese betrafen jedoch die Grundrechtsbindung des Anbieters von Arbeitsplätzen, ein Problem, das auch heute noch von den meisten Verfassern überhaupt nicht zur Kenntnis genommen wird (unten III 3 f (3)) und dem man sich vor 25 Jahren nur tastend nähern konnte. – Canaris selbst unterscheidet S. 240 die Fälle des § 138 BGB von denen, wo eine einseitige Rechtsgestaltung „rein faktisch durchgesetzt wird", und ist für diesen Fall mit der Anwendung von „präziseren Normen, die auch ungeschrieben sein können" einverstanden. Wer anders kann aber etwas rein faktisch zu seinen Gunsten durchsetzen, als der, der hierzu die entsprechende Macht besitzt?

[88] Zur Unbestimmtheit des Begriffs „marktbeherrschend" in § 22 GWB vgl. BGHZ 93, 151. – Dazu, daß die Grundrechte um vieles präziser sind als die §§ 138 oder 242 BGB s. unten IV 2.

[89] Hönn (oben Anm. 67) 273 ff.

[90] Auch das verkennt Canaris aaO. Schwabe, AöR 1975, 461, spricht vom „tönenden Wortgeklingel" und fragt spöttisch, ob sich etwa auch Springer gegen eine überlegene soziale Macht wehren müsse. Hier ist auf das Zivilrecht außerhalb des Arbeitsrechts nicht einzugehen. Dennoch: Auch Springers Macht und Einfluß ist „relativ": wenn hinter Blinkfüer der starke Arm des Staates steht, der die §§ 823 und 1004 BGB durchsetzt, muß auch Springer weichen! Im übrigen geht es in unserem Zusammenhang um die Zurückdrängung der Vertragsfreiheit, nicht die grundrechtsgerechte Bestimmung des Inhalts des zwingenden Gesetzes.

II. Die Wirkungsweise der Grundrechte

dort Beschäftigten gilt, kann wohl den anderen nicht vorenthalten werden. Wenn ich nichts übersehe, ist dies freilich als Argument bisher nicht vorgetragen worden.

b) Die soziale Macht ist die Begründung, aber auch die Grenze für den Eingriff in die Vereinbarungsfreiheit der Parteien des Arbeitsvertrages: wo diese sich in gleicher Stärke gegenüberstehen, ist für einen Schutz gegen den Willen des zu Schützenden kein Platz, geht die Vertragsfreiheit vor. Der Arbeitnehmer ist kein Unmündiger. Auch bei ihm können die Grundrechte nicht gegen seinen Willen durchgesetzt werden. Es bleibt damit die Frage, wann im Arbeitsrecht von sozialer Macht gesprochen werden kann. Für die Verbände wird diese Eigenschaft kaum bestritten. Zwar hat ihre Einigung die Vermutung angemessener Regelung der Arbeitsbedingungen für sich, da sie einander im Verhältnis gleicher Stärke gegenüberstehen (unten V 2 e), doch gibt es keine Gewähr dafür, daß sie nicht auch etwas Grundrechtsverletzendes vereinbaren, man denke nur an die Frauenlohnklauseln, und demgegenüber bedürfen Arbeitnehmer und Arbeitgeber des Schutzes nicht anders wie gegenüber staatlicher Macht. Soziale Macht ist bei bestehendem Arbeitsverhältnis, und hier liegt der Schwerpunkt des Problems, sind die meisten Fälle angesiedelt, aber auch der Arbeitgeber selbst. Er organisiert die Arbeit und das Verhalten der Beschäftigten im Betrieb, vielfach im Verein mit dem Betriebsrat, gibt die Weisungen, verteilt die freiwilligen Leistungen, führt die Akten und stellt die Zeugnisse aus, von denen das weitere berufliche Schicksal abhängen kann, und kann vor allem mit dem Verlust des Arbeitsplatzes drohen[92].

Der Assistenzarzt, dem der Klinikdirektor die Schublade voll Bewerbungen zeigt, braucht hierüber keine Belehrung. Gewiß gibt es auch den gesuchten Computer-Fachmann, der sich die Angebote aussuchen kann; er wird seine Interessen auf dem Verhandlungsweg zu wahren wissen und grundrechtsverletzende Zumutungen nicht fürchten. Daß aber für ihn das zwingende Arbeitsrecht nicht geschrieben zu sein braucht, ist kein Grund, den anderen den Schutz vorzuenthalten[93].

Gewiß gibt es genug Oasen der Vertragsfreiheit, wo das Machtgefälle keine Rolle spielt, ein Beispiel etwa die Befristung auf den (echten) Wunsch oder zugunsten des Arbeitnehmers[94]; auch wird man eine Zölibatsklausel bei einer

---

[91] Stern III/1 1394 ff. (1412); Bleckmann 145 f.; vgl. schon Dürig, Festschrift Nawiasky 184 ff. – ArbG Oldenburg 18. 9. 1987, BB 1988, 139.
[92] Leisner 249 ff., 379 f.
[93] Zu optimistisch „trotz der bestürzenden Realität von fast einer Million Arbeitsloser" Reuter, RdA 1978, 344 ff. (347).
[94] Vgl. etwa BAG, AP Nr. 88 zu § 620 BGB Befristeter Arbeitsvertrag = E 47, 44; AR I 143. – Freilich darf man das nicht überbewerten. Sein Interesse an einem Ende des Arbeitsverhältnisses wahrt der Arbeitnehmer in der Regel durch eigene Kündigung. Willigt er in die Befristung ein, weil er sonst abgewiesen würde, reicht dies als Rechtfertigung nicht aus, vgl. BAG, AP Nr. 38 (= E 25, 132), 43, 45, 68 (= E 39, 38), 91, 96 aaO. Der Wunsch des Arbeitnehmers muß sich auf die Befristung, nicht (nur) auf den Arbeitsvertrag selbst richten.

Hausangestellten eher hinnehmen als im Großbetrieb, ist doch im Haushalt das Gegeninteresse des Arbeitgebers erheblich, das Berufsinteresse der Hausgehilfin dagegen auch anderswo verhältnismäßig leicht zu befriedigen. Ganz allgemein konnte man in den Zeiten des Arbeitskräftemangels der Vertragsfreiheit einen größeren Raum einräumen als heute; die Selbstbestimmung hat Vorrang, wo ihre Voraussetzung, die freie Willensbestimmung, im wesentlichen gegeben ist: „stat pro ratione voluntas" (Flume) verlangt freie voluntas auf beiden Seiten, gilt dann aber auch. In der Regel werden solcherart freiwillig übernommene Pflichten dann auch freiwillig erfüllt, entsprechende Einschränkungen hingenommen, so daß die Dinge nicht vor den Richter kommen. Wo sich der Arbeitnehmer dagegen später einer in dieser Weise ohne Zwang übernommenen Verpflichtung entziehen will, wird ihm das die Praxis unter Berufung auf die Vertragsfreiheit oder auch auf Rechtsmißbrauch nicht gestatten, sie hat hierfür ein feines Gespür. In Zeiten der Arbeitslosigkeit ist diese Lage freilich nicht zu vermuten, die Beweislast liegt beim Arbeitgeber.

Die Grenze bildet § 138 BGB. Der alte Germane konnte sich beim Würfelspiel selbst versklaven, heute würden ihn die Grundrechte vor sich selbst schützen. Wichtigster Fall eines wirksamen Verzichts auf Grundrechte ist der Eintritt in ein Tendenzunternehmen. Zu den Rückzahlungsabreden, vgl. unten III 3 f (2).

III. Überblick über die Rechtsprechung

1. Gegenstand der folgenden Zeilen sind Beispiele richterlicher Rechtsfindung bei der Anwendung der Grundrechte; über die dogmatische Bewältigung des Problems ist unten IV zu berichten. Die von der Praxis bevorzugten Begründungen schwanken zwischen der Nennung der einzelnen betroffenen Grundrechte und, wie erwähnt, dem Rückgriff auf allgemeine Formeln wie Fürsorgepflicht usw.; auch das Persönlichkeitsrecht wird in steigendem Maße zur (einfachgesetzlichen) Grundlage genommen (unten 3 a), es hat den Vorteil, daß mit ihm auch ein Schmerzensgeldanspruch durchgesetzt werden kann (unten 2 b).

Bei der Sichtung der Fallmasse haben sich *allgemeine Richtlinien* herausgeschält, die es gestatten, Grundrechtseinschränkungen in einigen Fällen von vornherein abzuwenden und andere abzumildern, umgekehrt aber auch der Geltendmachung des Grundrechts entgegenzutreten; in der großen Masse der Fälle bleibt es dagegen dabei, daß der Richter schließlich die Grenze irgendwo in der Mitte ziehen muß. Diese Richtlinien gleichen in weiten Teilen den Anweisungen, die mit dem Grundsatz der Verhältnismäßigkeit[1] umschrieben werden.

a) Eine erste solche Richtlinie lautet: Beschränkungen der Grundrechte des Arbeitnehmers sind nur zulässig, wenn sie der Erfüllung des Arbeitsvertrages (Arbeitspflicht und Treupflicht) zugute kommen, *Grundsatz der Betriebsbezogenheit des Eingriffs*.

Ein Beispiel ist etwa die Entscheidung zur Zölibatsklausel (unten 3 e). Parteipolitische Äußerungen, die im Betrieb nicht stören, sind (vorbehaltlich besonderer Verbote wie in § 74 BetrVG) zu dulden, auch wenn sie Positionen vertreten, die im allgemeinen Interesse zu bekämpfen jeder aufgerufen ist[2] (unten 3 d): der Arbeitnehmer kann ihretwegen ebensowenig seinen Arbeitsplatz verlieren, wie dem Arbeitgeber der Betrieb weggenommen wird, weil er eine verfassungsfeindliche Meinung vertritt[3]. Im Zusam-

---

[1] Vgl. hierzu neben dem umfangreichen öffentlich-rechtlichen Schrifttum Hirschberg, Der Grundsatz der Verhältnismäßigkeit (1981); Stern I (2. Aufl.) 861 ff.; Bleckmann 295 ff. – Canaris, AcP 1984, 209, hält die Heranziehung des Verhältnismäßigkeitsgrundsatzes im Privatrechtsverkehr für „sehr bedenklich"; der von ihm ausgemachte Unterschied der Handhabung im öffentlichen und im Arbeitsrecht ist indessen mehr scheinbar als wirklich.

[2] In den Vereinigten Staaten wurde die Kündigung eines Arbeitnehmers für ungültig erklärt, der den Mordanschlag auf Präsident Reagan im Betrieb gutgeheißen und die Hoffnung ausgedrückt hatte, daß es ihn „das nächste Mal erwischen möge".

[3] AcP 1964, 424, 434; Starck, JuS 1981, 239. – Man erinnert sich an die Verurteilung des Inhabers eines großen Fotokaufhauses wegen Agententätigkeit für die DDR.

menhang mit der Spätehenklausel hat das BAG einmal davon gesprochen, diese dürfe nicht zu familienpolitischen Zielen „mißbraucht"[4] werden, und das ist auch dann richtig, wenn man den beklagenswerten Zustand unserer Familienpolitik betrachtet: denn hier das Ruder herumzuwerfen ist Aufgabe des Staates und nicht des einzelnen Arbeitgebers, er könnte sich sonst allzu leicht mit dem Hinweis auf allgemeine Mißstände eigenen Verpflichtungen entziehen. – Die vertragliche Erweiterung der Verschwiegenheitspflicht des Arbeitnehmers ist nur soweit wirksam, als die Geheimhaltung den betrieblichen Interessen dient[5]. – Bei der Gleichbehandlung begegnet uns der betriebliche Grund als „sachlicher Grund" (unten 3 b).

Dem betrieblichen tritt der wirtschaftliche Zweck des Unternehmens zur Seite. Daß der Arbeitgeber das Recht hat, dem Arbeitnehmer den Arbeitsplatz zu entziehen, wenn dies für die Aufrechterhaltung des Betriebes unumgänglich ist, ist der Kern seines Kündigungsrechts (dieses ist nicht etwa Frucht eines allgemeinen Satzes, daß sich niemand auf unbestimmte Zeit binden könne; die Stellung des Beamten beweist das Gegenteil). – Die Spätehenklausel ist auch deshalb gerechtfertigt, weil Spätehen den Arbeitgeber zu Leistungen verpflichten können, die zur Gegenleistung des Arbeitnehmers in keinem Verhältnis mehr stehen.

Sind mithin andere als betriebliche und wirtschaftliche Ziele keine Rechtfertigung für Grundrechtseinschränkungen, insbesondere auch im Bereich von Art. 12, so ist hier für den *Staat als Arbeitgeber* doch ein Vorbehalt zu machen. Die Rechtsprechung hat die Befristung des Arbeitsvertrages anerkannt, wenn die Arbeitsplätze, etwa einer Forschungseinrichtung, nach einer gewissen Zeit für die nächste Generation freigemacht werden müssen (Rotation); sie hat aber geglaubt, das damit begründen zu müssen, daß der Arbeitgeber, etwa die Max-Planck-Gesellschaft, an der Nachwuchsförderung ein eigenes Interesse hat[6]. Für die öffentliche Hand und die von ihr getragenen privatrechtlich organisierten Einrichtungen ist das nicht zu billigen. Der Staat ist für die Sozialpolitik verantwortlich, und er kann Sozialpolitik auch in seiner Eigenschaft als größter Arbeitgeber treiben[7]. Anders der private Arbeitgeber, auch das große

---

[4] BAG, AP Nr. 183 zu § 242 BGB Ruhegehalt, Verfassungsbeschwerde nicht angenommen, AP Nr. 183 a ebda. (Abstellen auf Schuld am Scheitern der Ehe); Nr. 4 zu § 1 BetrAVG Hinterbliebenenversorgung; zur Spätehenklausel Blomeyer-Otto, Kommentar zum BetrAVG, Bem. 232 ff. Einleitung; AR I 60 f.

[5] So LAG Hamm 5. 10. 1988, DB 1989, 783.

[6] BAG, AP Nr. 39, 40, 60 (= E 36, 171), 62 (= E 36, 235) zu § 620 BGB Befristeter Arbeitsvertrag; AR I 142 f.

[7] Verfehlt deshalb BAG, AP Nr. 88 (= E 47, 44) und 91 zu § 620 BGB Befristeter Arbeitsvertrag und Nr. 3 zu § 1 BeschFG 1985, wo das Gericht den Leitsatz aufstellt, allgemeine beschäftigungs- und sozialpolitische Erwägungen seien nicht geeignet, die Befristung eines Arbeitsvertrages sachlich zu rechtfertigen; keine Gefolgschaft verdient auch BAG, AP Nr. 37 zu § 1 KSchG 1969 Betriebsbedingte Kündigung = E 54, 248, wo die Kündigung des Nebentätigkeits-Arbeitsverhältnisses eines beamteten Lehrers mißbilligt wird, die erfolgt war, um arbeitslose Lehrer einstellen zu können; heftige, aber begründete Kritik durch Adomeit, SAE 1988, 71; zur Einschränkung der Nebentätigkeit im öffentlichen Dienst Breuer, Handbuch des Staatsrechts VI § 147 Nr. 54.

III. Überblick über die Rechtsprechung

Unternehmen: seine Kündigung ist nicht deshalb gerechtfertigt, weil der Arbeitsplatz für einen würdigeren Arbeitslosen freigemacht werden soll. Ungerechtigkeiten bei der Verteilung der Arbeitsplätze zu beseitigen, ist Sache des Gesetzgebers, der allein im Stande ist, die notwendige Allgemeinheit einer solchen Maßnahme zu gewährleisten.

Bei Tendenzunternehmen bildet die Wahrung der Tendenz das betriebsbezogene Interesse, demgegenüber die Grundrechte des Arbeitnehmers zurücktreten[8]; die Fälle, in denen die Gerichte den Verlust des Arbeitsplatzes bestätigt haben, weil sich der Arbeitnehmer zur Tendenz in Widerspruch gesetzt hat, sind inzwischen recht zahlreich[9]. Die Rechtsprechung wird auch durch § 118 BetrVG bestätigt, der die Mitbestimmung des Betriebsrats vor der Tendenzverwirklichung weichen läßt und die erzieherischen und karitativen Einrichtungen der Kirchen dem Geltungsbereich des Gesetzes überhaupt entzieht.

Das Zurücktreten der Grundrechte des Arbeitnehmers ist hier im allgemeinen auch deshalb begründet, weil sein Eintritt in den Betrieb freiwillig geschieht. Niemand ist gezwungen, etwa Redakteur im Bayern-Kurier oder im Vorwärts zu werden[10]; und wer sich als Tendenzträger zur Tendenz in sichtbaren und starken Widerspruch versetzt, kann seine Arbeit nicht mehr ordentlich erfüllen, Beispiel etwa der angestellte Religionslehrer in einem kirchlichen Gymnasium, der aus der Kirche austritt (nicht viel anders ist es beim Religionslehrer freilich auch in einem weltlichen Gymnasium)[11]. Andererseits verkennt die Rechtsprechung das Verhältnis des staatlichen Rechts, des „für alle geltenden Gesetzes" im Sinn von Art. 140 GG, Art. 137 WV, zur kirchlichen Selbstbestimmung: nicht diese erfüllt § 1 KSchG mit Inhalt, sondern § 1 zieht umgekehrt die Grenze der Selbstbestimmung. Wenn im Schrifttum das „für alle geltende Gesetz" im Sinne eines innerstaatlichen ordre public angesehen wird[12], so ist daran zu erinnern, daß das Kündigungsschutzgesetz mit Sicherheit hierzu zählt[13]. Die Qualifikation als Teil des ordre public hilft dem Arbeitnehmer wenig, wenn den Inhalt des Kündigungsschutzgesetzes zu definieren dem kirchlichen Arbeitgeber überlassen wird. Stattdessen muß man fragen, ob die mit der konfessionellen Tendenz unvereinbare Wahrung des Grundrechts aus Art. 6 (insbesondere: Heirat mit einem Geschiedenen oder Wiederheirat nach einer Scheidung) die kirchliche Einrichtung nach außen unglaubwürdig macht: das kann bei einem Lehrer oder der Leiterin eines Kindergar-

---

[8] Ein Beispiel LSG Niedersachsen 26. 4. 1986, AfP 1987, 448 (Weisung des Verlegers an den Redakteur).
[9] AR I 468 ff.
[10] Für eine Klinik wird ein Chefarzt mit der Maßgabe gesucht, daß er zur Mitwirkung bei Abtreibungen bereit ist: kann er sich, durch die Massentötung an wehrlosen Wesen aufgeschreckt, später auf sein Gewissen berufen? M. E. kann er das, aber doch wohl deshalb, weil die Abtreibungspraxis, wie sie bei uns eingerissen ist, als solche rechtswidrig ist.
[11] Vgl. dazu BAG, AP Nr. 4 zu Art. 140 GG (Fachlehrerin für Gymnastik, Verschweigen des Austritts aus der Kirche bei Einstellung).
[12] Vgl. Hollerbach, Handbuch des Staatsrechts VI § 138 Nr. 118, 122; § 139 Nr. 44 f.
[13] Stärker der kirchlichen Autonomie zuneigend die h. M., vgl. BAG, AP Nr. 20 zu Art. 140 GG und BVerfG, AP Nr. 24 ebda = E 70, 138; Hollerbach aaO.

tens einen personenbedingten Kündigungsgrund darstellen, nicht aber bei Arbeitnehmern, die die Tendenz nicht nach außen zu vertreten haben. Die Rechtsprechung überläßt es indessen der Kirche, zu bestimmen, ob der Arbeitnehmer für die kirchliche Dienstgemeinschaft tragbar geblieben ist. Größere Zurückhaltung gegenüber der kirchlichen Autonomie ist dann geboten, wenn einerseits elementare Grundrechte wie die Eheschließung im Spiel sind, der Arbeitgeber sich aber andererseits auf dem Arbeitsmarkt einer Art „marktbeherrschenden" Stellung nähert, wie etwa bei einem kirchlichen Krankenhaus, das weit und breit das einzige in der Gegend ist[14]. Auch in diesem Fall spielt wieder die Schwere des Grundrechtsopfers eine Rolle: geringere Einbußen müssen in weiterem Umfang hingenommen werden, ist doch auch die Tendenzverwirklichung als solche Gegenstand verfassungsrechtlichen Schutzes. So ist für jemand, der sich in einem kirchlichen Krankenhaus zum Facharzt ausbilden läßt, Zurückhaltung bei öffentlichen Äußerungen über das Reizthema der Abtreibung auch dann zu verlangen, wenn sein Krankenhaus das einzige war, das ihm eine Stelle angeboten hatte[15]. Für eine weniger weitgehende Einschränkungsfreiheit spricht es wiederum, wenn der Betrieb erst nachträglich vom Tendenzträger übernommen wurde[16].

Die Betriebsbezogenheit läßt sich in den Dreiklang des Grundsatzes der Verhältnismäßigkeit nur schwer einordnen. In ihrem eigentlichen Verständnis überprüft die „Geeignetheit" das Mittel, nicht den Zweck staatlichen Handelns, als welcher die Verfolgung öffentlicher Interessen angesehen wird, die zu bestimmen im wesentlichen Sache des Staates ist. Doch wird auch der Zweck unter dem Dach der Verhältnismäßigkeit von den Gerichten kontrolliert[17].

So ist etwa die „Besserung" eines verwahrlosten Sozialhilfeempfängers keine Aufgabe des Staates, die einen Eingriff in seine Freiheit rechtfertigt[18]. Andererseits unterliegt die Zweckmäßigkeit einer Grundrechtseinschränkung immer dann der Prüfung, wenn der Staatszweck selbst benannt wurde. Geht es etwa um die Förderung des Umweltschutzes, so hat das Gericht alle Freiheit, eine Maßnahme deshalb aufzuheben, weil sie der Umwelt eher schadet[19].

Andererseits spielt die Eignung in unserem Zusammenhang keine Rolle. Wenn ich nichts übersehe, wurden Maßnahmen des Arbeitgebers nicht mit der Begründung korrigiert, sie könnten den erstrebten Zweck der Förderung von Betrieb und Unternehmen nicht erreichen[20].

---

[14] AcP 1964, 415. – Unbehaglich stimmt der Sachverhalt in BAG, AP Nr. 24 zu § 118 BetrVG 1972 = E 41, 5 (9).

[15] Vgl. den Fall BAG, AP Nr. 14 zu Art. 140 GG, wo dem Arzt sein Mangel an Loyalität mit einer Abfindung von DM 5000 vergoldet wurde; mit Recht aufgehoben durch BVerfG, AP Nr. 24 ebda. = E 70, 138; dazu auch Isensee, Festschrift Obermayer (1986) 203 ff. (207); AR I 468 ff.

[16] Vgl. Richardi, Das Arbeitsrecht der Kirche (1984) 48 ff.; AR I 473.

[17] Vgl. Hirschberg (oben Anm. 1) 50 ff.; Grabitz, AöR 1973, 568 ff. (602 ff.) und ders., Freiheit und Verfassungsrecht (1976) § 7; Bleckmann 228, 296 ff.; Anerkennung der Betriebsbezogenheit als Maßstab auch bei Böckenförde, in: Posser/Wassermann, Freiheit in der sozialen Demokratie (1975) 154.

[18] BVerfGE 22, 180 (219).

[19] Vgl. etwa den österreichischen Verfassungsgerichtshof 3. 12. 1986, DRdA 1987, 225.

III. Überblick über die Rechtsprechung

b) Eine zweite Richtlinie besagt, daß der Eingriff in das Grundrecht des Arbeitnehmers nicht weiter gehen darf, als zur Erreichung des (betriebsbezogenen) Zieles unabweisbar ist. Es gilt der *Grundsatz des schonendsten, des mildesten Mittels;* im Dreiklang der Verhältnismäßigkeit ist dies der Grundsatz der Erforderlichkeit[21].

Beispiel ist etwa der Satz „Versetzung geht vor Kündigung" (unten 3 f) oder die Last des Arbeitgebers, seinen Betrieb umzuorganisieren, um den Gewissensskrupeln des Arbeitnehmers Rechnung tragen zu können (unten 3 c). Bei der Verdachtskündigung ist das mildere Mittel die Kündigung mit dem Anspruch auf Wiedereinstellung bzw. Abfindung gegenüber der schlichten beendenden Kündigung (unten 3 f); auch die Druckkündigung sollte nur gegen Zahlung einer Abfindung gestattet werden[22].

Der Grundsatz wirkt sich auch zugunsten des Arbeitgebers aus. Muß er mit Rücksicht auf das Gewissen des Arbeitnehmers Freizeit gewähren, so doch nicht stets unter Fortzahlung des Entgelts. Ist im allgemeinen die Beschäftigung von Frauen oder Jugendlichen verboten, so kann (und muß) die Verwaltung doch dort Ausnahmen zulassen, wo von der Arbeit eine Gefährdung nicht droht.

Auf diese Weise bewahrt man auch § 616 I BGB vor uferloser Ausweitung; daß der Begriff „in der Person liegender Grund" im Licht von Art. 1 und 2 auszulegen ist, ändert daran nichts. Die Praxis folgt dem durch Schaffung einer Kategorie von dem BGB unbekannten Fällen, in denen der Arbeitnehmer – etwa: zur Ableistung des Wehrdienstes im Ausland – Anspruch auf unbezahlte Freistellung hat[23].

c) Schließlich tritt das Interesse des Arbeitgebers an der Erfüllung des Arbeitsvertrages, auch wenn ein schonenderes Mittel nicht zur Verfügung steht, zurück, wenn der Wesensgehalt oder Kernbereich des Grundrechts verletzt würde, Anwendung des *Übermaßverbots* oder des Grundsatzes der *Verhältnismäßigkeit im engeren Sinn*[24].

Ein Beispiel ist seit langem § 888 II ZPO, der den Arbeitgeber bei der Durchsetzung seines Anspruchs auf die Arbeitsleistung schutzlos stellt, ein anderes Art. 2 des 5. Strafrechtsänderungsgesetzes von 1974 mit der Befreiung von Arzt und Krankenschwester von der Mithilfe bei einer Abtreibung. Hierher gehören auch alle die Fälle der Unzumutbarkeit der Arbeitsleistung.

Wo der Kernbereich des Grundrechts beginnt, kann freilich nicht ohne Rücksicht auf den Dauercharakter des Arbeitsverhältnisses bestimmt werden.

---

[20] Man begegnet dem Problem jedoch beim Einstellungsanspruch (unten 3 f), wenn der Arbeitgeber die Einstellung von Voraussetzungen abhängig macht, die mit der Arbeitsaufgabe nichts zu tun haben.
[21] Hirschberg aaO 20, 56 ff.; Bleckmann 301.
[22] AR I 489 f.
[23] Vgl. BAG, AP Nr. 7 zu § 1 KSchG 1969 Verhaltensbedingte Kündigung = E 43, 263; AR I 162.
[24] Hirschberg aaO. 75 ff.; Bleckmann 302; zum Wesensgehalt im allg. vgl. Häberle, Wesensgehaltgarantie (oben II Anm. 4); Bleckmann 305 ff. und Kommentare zu Art. 19 II.

Körper und Gesundheit sind stets auch vor nur einmaliger Beeinträchtigung geschützt, soweit die Art der Arbeit (Feuerwehrmann) nicht etwas anderes bestimmt. Einmalige Einbußen im Bereich etwa von Art. 4, 5 oder 12 sind dagegen überall dort unvermeidbar, wo sich das Grundrecht des Arbeitgebers demgegenüber durchsetzt: ist der Arbeitnehmer unentbehrlich, so muß er auf die Wahrung auch eines hohen Feiertages einmal verzichten, wenn Unfrieden droht, darf er seine politische Meinung nicht verbreiten, wenn eine Rückzahlungspflicht aufrechterhalten bleibt, kann es sein, daß deshalb auch ein Veränderungswunsch unerfüllt bleibt. Auch beim Gleichheitssatz läßt sich die Unterscheidung Kern- und Randbereich des Grundrechts nicht aufrechterhalten: die Gleichbehandlung ist jeweils verletzt oder unversehrt, ein Mehr oder Weniger gibt es nicht.

Im Zusammenhang mit Art. 3 II (unten 3 b) ist der Begriff der mittelbaren Benachteiligung entwickelt worden[25]; mittelbar ist sie, wenn eine Voraussetzung für eine Leistung (Entgelt, Einstellung, Beförderung usw.), die äußerlich an ein geschlechtsneutrales Merkmal anknüpft, erfahrungsgemäß, wie die Statistik zeigt, von den Angehörigen des einen Geschlechts (praktisch: den Frauen) sehr viel seltener erfüllt wird als von denen des anderen[26]. Die mittelbare Benachteiligung wird grundsätzlich wie die unmittelbare behandelt. Der Begriff kann auch für die anderen Grundrechte fruchtbar gemacht werden, abzuwägen ist jeweils die Beeinträchtigung des Grundrechts gegen die betrieblichen Notwendigkeiten (Entsendung eines Arbeiters auf Montage, der damit an einer politischen Tätigkeit in seiner Freizeit gehindert wird). Die Amerikaner sprechen hier von indirect burden[27]. Eine Rolle spielt schließlich, ob die Wahrung des Grundrechts zur Rechthaberei ausartet: auch wer nicht in einem katholischen Krankenhaus arbeitet, soll sich provozierender Äußerungen zur Abtreibung enthalten, wenn andere Mitarbeiter dadurch ernstlich gekränkt werden. Jeder Arbeitnehmer hat Anspruch auf ein entspanntes Betriebsklima, das durch das Treiben der politischen Eiferer vergiftet wird (s. auch unten 3 d). Diese Rücksicht – sie wird tagtäglich millionenfach geübt – ist eine Rechts-, nicht nur sittliche Pflicht.

Je schärfer der Eingriff in das Grundrecht, um so strenger seine Voraussetzungen (oben II 2 c)[28].

Die Grenze der Unverhältnismäßigkeit wirkt auch zugunsten des Arbeitgebers. An sich mutet ihm das Arbeitsrecht an vielen Stellen zu, auf die Arbeitsleistung zu verzichten und das Entgelt dennoch weiterzuzahlen; es sind dies Daten seiner Kostenrechnung, die schließlich in die Preise einmünden. Aber auch hier gibt es Grenzen (oben 1 a).

---

[25] Vgl. Gamillscheg, Festschrift Strasser (1983) 209 ff. und AR I 37 f.
[26] Zur schweren körperlichen Arbeit vgl. ArbG Oldenburg 25. 6. 1985, BB 1985, 1667.
[27] Vgl. *Braunfeld v. Brown*, 366 U.S. 599 (1961) (jüdische Kaufleute wollen am Sonntag öffnen, weil sie den Samstag heiligen müssen und deshalb anderenfalls nur an fünf Tagen offenhalten können).
[28] Vgl. auch Hermes (oben II Anm. 17) 256; Tettinger, AöR 108 (1983) 91 ff. (124).

III. Überblick über die Rechtsprechung

Ein Beispiel ist etwa die Rechtsprechung zu § 37 BetrVG. An sich müßten die Betriebsratsmitglieder pausenlos geschult werden, wollten sie den Wissensrückstand zum Leitungsapparat des Arbeitgebers aufholen. Die Belastung des Arbeitgebers mit den Schulungskosten muß indessen maßvoll bleiben, auch wenn Wissensmängel deshalb nicht beseitigt werden können[29].

d) Oben II 3 b wurde schon darauf hingewiesen, daß die Grundrechte zurücktreten, wenn der Arbeitnehmer in aller Freiheit über sie verfügt. In abgeschwächter Form taucht dieser Gedanke bei der Frage auf, wieweit sich der Arbeitnehmer *vorangegangenes Tun* entgegenhalten lassen muß. Hierbei geht es weniger um den Arbeitsvertrag als solchen als um die Berufswahl. Wer den Beruf eines Druckers wählt, weiß, daß er auf den Inhalt des Gedruckten keinen Einfluß haben wird; wer Apotheker wird, daß er mit dem Handverkauf empfängnisverhütender Mittel beschäftigt werden kann (unten 3 c). So ist denn auch aus diesem Gesichtspunkt dem Arbeitgeber mehr als eine nicht beschwerliche Umorganisation (oben 1 b) nicht zuzumuten.

„Gegenwärtiges Tun" wirkt sich gegen den Arbeitnehmer aus, der sich gegenüber den Interessen der anderen Seite uneinsichtig verhält und das Seine zur Herbeiführung der „praktischen Konkordanz" verweigert. Ein Beispiel etwa, wenn eine Druckkündigung[30] nötig wird, weil der Arbeitnehmer die ihm angebotene zumutbare Versetzung auf einen anderen Arbeitsplatz ablehnt.

2. a) Es bleibt ein Blick auf die *Folgen eines Verstoßes gegen das Grundrecht*. Zuvor ist indessen darauf hinzuweisen, daß wie sonst auch Auslegung vor Vernichtung geht. Läßt sich durch Auslegung der Vereinbarung oder Weisung ein Ergebnis erzielen, das die Verletzung des Grundrechts vermeidet, so ist diese zu wählen[31].

b) Der Verstoß gegen das Grundrecht durch den Arbeitgeber hat unterschiedliche Folgen, die zum großen Teil bereits angesprochen wurden. Eine grundrechtswidrige Weisung – etwa: der Arbeitgeber beharrt auf der Zuweisung einer das Gewissen belastenden Arbeit „aus Prinzip" – ist nichtig und braucht nicht befolgt zu werden. Der Arbeitnehmer setzt dadurch keinen Kündigungsgrund; unterbleibt in der Zwischenzeit jede Arbeit, so befindet sich der Arbeitgeber im Annahmeverzug und schuldet den Lohn weiter. Gleiches gilt bei Zurückhaltung der Arbeit bis zur Beseitigung grundrechtswidriger Zustände, etwa einer Dauerüberwachung. Eine weniger einschneidende Folge ist das Erlöschen der Arbeitspflicht gegen Verlust des Entgelts, etwa bei

---

[29] Gamillscheg, Anmerkung EzA Nr. 1 zu § 108 BetrVG.
[30] AR I 489 f.
[31] Vgl. etwa BAG, AP Nr. 13 zu § 74 c HGB, wo die Wettbewerbsvereinbarung „Verpflichtung, nicht in einem Konkurrenzunternehmen tätig zu sein" als „mit keiner Konkurrenztätigkeit befaßt zu sein" ausgelegt wird; kein Verbietungsrecht, wenn der Arbeitnehmer bei der Konkurrenz nur mit Geschäften befaßt ist, die der frühere Arbeitgeber nicht übernimmt.

III. Überblick über die Rechtsprechung

Inanspruchnahme unbezahlten Urlaubs zur Ableistung des Wehrdienstes (oben 1 b a. E.).

Eine grundrechtsverletzende Kündigung ist nichtig, § 13 III KSchG.

Grundrechtsverletzende Vereinbarungen, etwa eine Rückzahlungsabrede, binden den Arbeitnehmer nicht, können aber auf ein verträgliches Maß zurückgeführt werden und gelten dann mit diesem Inhalt.

Der Verstoß kann auch Leistungsansprüche des Arbeitnehmers begründen: etwa auf Abbau einer Überwachungsanlage, Widerruf ehrenkränkender Äußerungen, Entfernung eines Vermerks aus den Personalakten, bei Verletzung der Gleichbehandlungspflicht auf Gleichstellung mit den anderen Arbeitnehmern. Als Anspruchsgrundlage beruft sich die Rechtsprechung hierbei überwiegend auf unterverfassungsrechtliche Generalklauseln, im Bereich des Art. 3 II nunmehr auf die §§ 611a ff. BGB.

Der Verstoß gegen ein Grundrecht ist in der Regel eine Verletzung auch des Arbeitsvertrags durch den Arbeitgeber; bei Verschulden kommt deshalb auch ein Schadenersatzanspruch in Frage. Er wird im Bereich von Leib und Leben meist, wenn auch nicht stets[32], durch § 636 RVO ausgeschlossen. Schmerzensgeld kann aus der Verletzung der Fürsorgepflicht nicht abgeleitet werden, § 618 III BGB, doch tritt das absolut geschützte Persönlichkeitsrecht hier in die Bresche, § 823 I. Die Dinge sind im Fluß, die Rechtsprechung zeigt eine gewisse Neigung zu Übertreibungen[33]. Ob sich die Vorstellung durchsetzen wird, in den Grundrechten oder den ihnen zugrunde liegenden Werten (unten IV 1) ganz allgemein Schutzgesetze im Sinne von § 823 II BGB zu sehen, muß man abwarten. Ansatzpunkte hierfür sind gegeben: seit langem hat eine verbreitete Meinung Art. 12 zu einem (einfachgesetzlichen) absolut geschützten Recht am Arbeitsplatz verdichtet (unten 3 f (1)), auch weist das Persönlichkeitsrecht, wie erwähnt, in diese Richtung. Der Schritt zur allgemeinen Anerkennung der Grundrechte als Schutzgesetze wäre kein großer[34].

---

[32] Vgl. den Fall RAG, ARS 29, 355, dazu AR I 277 ff., und BAG, AP Nr. 6 zu § 17 BAT = E 34, 281.

[33] Vgl. LAG Baden-Württemberg 26. 1. 1972, NJW 1976, 310 (DM 2000 wegen graphologischen Gutachtens ohne Einwilligung des Bewerbers); zur Rechtsprechung zum Schmerzensgeld wegen Benachteiligung wegen des Geschlechts vgl. unten 3 b. – Die Übertragung der Grundsätze der deliktischen Haftung aus § 823 I hat freilich zur Folge, daß vor allem die für den Arbeitgeber handelnden Personen schadensersatzpflichtig sind; der Arbeitgeber selbst nur dann, wenn ihm der Entlastungsbeweis des § 831 BGB mißlingt. Wenn ich nichts übersehe, wird indessen bisher stets der Arbeitgeber ohne weiteres in Anspruch genommen.

Wo kein Schaden, wurde unlängst sogar ein Bereicherungsausgleich vorgeschrieben, LAG Köln 7. 10. 1987, DB 1988, 296 (mehr als zweifelhaft). – Zurückhaltender mit Recht LAG Berlin 20. 6. 1986, LAGE Nr. 1 zu § 253 BGB: zahlt der Arbeitgeber den Lohn nicht rechtzeitig, so schuldet er dem Arbeitnehmer die Stornierungskosten für eine nicht genommene Urlaubsreise, aber kein Schmerzensgeld wegen des verpatzten Urlaubs.

III. Überblick über die Rechtsprechung

Freilich: es genügt nicht, Recht zu haben, man muß es auch durchsetzen können. Das ist ein weites Feld, das hier nicht näher beackert werden kann. Gewerkschaftliche Hilfe für die Prozeßführung beim Mitglied, Prozeßkostenhilfe für den Außenseiter, § 11a ArbGG, sind etwa Stichworte; die Klage darüber, daß die lange Dauer der Verfahren ein noch so eindeutiges Recht nutzlos werden läßt, füllt Bände und hat den Gesetzgeber, zuletzt 1979, auf den Plan gerufen, war doch die Einrichtung der Arbeitsgerichtsbarkeit selbst seinerzeit Frucht der Überlegung, daß die ordentlichen Gerichte zu langsam sind und für die Verhältnisse am Arbeitsplatz nicht das richtige Verständnis aufweisen. Es sei aber nicht vergessen, daß auch der Arbeitgeber zum Opfer von Dauer und Kosten solcher Verfahren werden kann[35].

c) Der Richter kann sich bei der Abgrenzung der beiden Grundrechtsbereiche irren. Es fragt sich, ob der jeweils Benachteiligte *Verfassungsbeschwerde* erheben kann.

Man denke an die Kündigung, weil der Arbeitnehmer die Arbeit unter Berufung auf sein antifaschistisches Gewissen abgelehnt hatte, oder die Verurteilung zur Rückzahlung von Ausbildungskosten, in denen der Arbeitnehmer eine Knebelung seiner beruflichen Bewegungsfreiheit sieht, oder die Unterwerfung unter eine Genomanalyse[36].

Die Beispiele zeigen, daß gerade im Arbeitsrecht „praktisch ... jeder Gesetzesverstoß ohne großen interpretativen Kunstgriff als Verfassungsverstoß" begriffen werden kann[37]. Es ist indessen einsichtig, daß für die große Masse der Fälle das BAG die letzte Instanz bleiben muß; schon hier fragt man sich oft genug, ob der Streit wirklich durch alle drei Instanzen getrieben werden mußte. Das Bundesverfassungsgericht kann keine *Superrevision* betreiben wollen (eine Überlegung, die unterschwellig oder auch offen in der Erörterung der Drittwirkung eine große, manchmal beherrschende Rolle spielt). Klare Richtlinien zur Abwendung dieser oft beschworenen Gefahr sind bisher freilich nicht vorgelegt worden. Insbesondere würde es den arbeitsrechtlichen Strom zum Bundesverfassungsgericht nicht eindämmen, wollte man (nur) auf die Schwere des Eingriffs durch das verfassungswidrige Urteil[38] abstellen, geht es doch meist um den Verlust des Arbeitsplatzes, der stets als schwerer Eingriff zu qualifizieren ist: eine Kündigung aus wichtigem Grund wegen Verletzung der Pflichten aus dem Arbeitsvertrag wirkt heute wie ein Berufsverbot

---

[34] ArbG Hamm, DB 1984, 2700, sieht in § 611a BGB ein Schutzgesetz zugunsten der abgewiesenen Frau gem. § 823 II BGB.
[35] Vgl. die Bemerkung des Generalanwalts vor dem EuGH im Fall Jenkins, Slg. 1981, 911 ff. (932), daß der Arbeitgeber, ein kleiner Textilbetrieb, Armenrecht beantragt hatte, um mit dem durch seine Gewerkschaft und eine staatliche Kommission, die EOC, unterstützten Arbeitnehmer mithalten zu können.
[36] Dazu vgl. Wiese, RdA 1986, 120 ff. und 1988, 217 ff.; Deutsch, NZA 1989, 657 ff.
[37] Stern III/1, 1489 ff. (1497); zum Problem der „Superrevision" auch Stern II 963 f. Anm. 133.
[38] Vgl. BVerfGE 42, 143 (149); 53, 30 (61); 66, 116 (132); Stern III/1, 1500; Bleckmann 131 ff., 355 ff. – BVerfG, AP Nr. 28 zu Art. 2 GG = E 73, 261 (269), beschränkt die Kontrolle auf die richtige Auffassung von „Reichweite und Wirkkraft" des Grundrechts.

auf Lebenszeit. Dagegen ist die Verfassungsbeschwerde wohl dann eröffnet, wenn der Richter bei der Abwägung einen „grundsätzlichen" Fehler gemacht hat (so auch BVerfG), wohl auch dann, wenn seine Entscheidung eine unbestimmte Vielzahl anderer Arbeitnehmer von der Wahrung ihrer Grundrechte abschrecken könnte[39]. Letzten Endes sollte es ganz allgemein auf die Bedeutung ankommen, die das Auslegungsproblem für die Gesellschaft insgesamt hat; wo hunderttausende von Arbeitnehmern betroffen sind, ist die Klärung durch das Bundesverfassungsgericht auch in der Drittwirkung wichtiger als bei so mancher Spezialfrage des öffentlichen Rechts, für die der Weg nach Karlsruhe gebahnt ist.

3. Die Rechtsprechung zu den einzelnen Grundrechten[40]

a) Art. 1 und 2 gewinnen in der Argumentation, vielfach in Auslegung der Generalklauseln, wachsende Bedeutung. Der Schutz von Leib, Leben und Sittlichkeit (oben II 2 d) war immer schon vordringliches Anliegen des Arbeitsrechts[41]. Soweit er öffentlich-rechtlich verstärkt ist, kann nur das Gesetz das Nötige anordnen; wo Schutzlücken bestehen, erteilen Art. 1 und 2 dem Gesetzgeber hierzu den entsprechenden Auftrag (unten IV 5). Im übrigen beruft sich die Rechtsprechung vielfach auf die beiden Vorschriften unmittelbar oder als Inhalt des, auch in § 75 II BetrVG angesprochenen, Persönlichkeitsrechts[42].

Der Beispiele sind viele: so beruft man sich auf Art. 1 und 2 zum Schutz vor pausenloser Überwachung durch Fernsehkameras[43]; eine maßvolle Beschattung zur Abwen-

---

[39] Dazu die Überlegung im Sondervotum BVerfGE 42, 143 (162) („generalpräventive Wirkung"); in E 43, 130 (136) und 54, 129 (136) spricht das Gericht von der „einschüchternden Wirkung"; die Amerikaner nennen dies den chilling effect. – Weitergehend Rüfner, Gedächtnisschrift Martens (1987) 226; dagegen verneint Starck, JuS 1981, 245, die Möglichkeit der Verfassungsbeschwerde überhaupt, weil sich die Beteiligten in der Drittwirkungsebene nicht als „Grundrechtsträger" gegenüberstünden: eine Frage der Auslegung dieses Begriffs, die ihrerseits von der Anerkennung der Analogie (oben II 3 a) wohl nicht unbeeinflußt bleiben kann.

[40] Vgl. dazu auch Heither, JböR 33 (1984) 315 ff.

[41] Auch das Rauchen am Arbeitsplatz ist ein einschlägiges Thema: ein Anspruch gegen den Arbeitgeber auf entsprechende Maßnahmen wird meist aus seiner Fürsorgepflicht, die ihren Inhalt jedoch aus Art. 2 erhält, abgeleitet, dazu vgl. BVerwG 13. 9. 1984, DB 1984, 2308 (zur Fürsorgepflicht gegenüber Beamten); LAG Baden-Württemberg 9. 12. 1977, DB 1978, 213 (aus der ArbeitsstättenVO ergibt sich kein Anspruch auf tabakrauchfreie Luft am Arbeitsplatz, aus der Fürsorgepflicht nur, wenn nicht mit unverhältnismäßigen Kosten verbunden); AR I 279.

[42] Zum Persönlichkeitsrecht vgl. Kommentare zu §§ 12 und 823 BGB und zu Art. 1 und 2 GG; Stern III/1, 646 ff., 928; Söllner, RdA 1968, 437 ff.; Wiese, ZfA 1971, 273 ff.; Jaraß, NJW 1989, 857 ff.; Erichsen, Handbuch des Staatsrechts VI § 152 Nr. 52 ff.; für Österreich Schnorr, Festschrift Strasser (1983) 97 ff. – Badura, Festschrift Molitor (1988) 11 f., warnt die Rechtsprechung vor allzu raschem Rückgriff auf das Persönlichkeitsrecht.

[43] BAG, AP Nr. 15 zu § 611 BGB Persönlichkeitsrecht (Überwachung durch Fernsehkamera); LAG München, LAGE Nr. 2 zu § 611 BGB Persönlichkeitsrecht (– durch

III. Überblick über die Rechtsprechung

dung anderer Übel, etwa von Kaufhausdiebstählen, aber auch zur gelegentlichen Kontrolle der Arbeitnehmer selbst, haben diese dagegen hinzunehmen, freilich nur nach Maßgabe der Mitbestimmung des Betriebsrats: § 87 Z. 6 BetrVG hat insoweit die „Verteidigungslinie vorverlegt"[44]. Ein anderes Beispiel ist die ungehörige Form einer Kündigung, etwa durch Anschreien vor der Belegschaft oder Kündigung auf der Toilette[45]. – Muß ein Schauspieler die Anweisung des Regisseurs befolgen, sich splitternackt auf der Bühne zu tummeln? Nein, auch wenn sich diese unbeschreibliche Geschmacklosigkeit immer mehr ausbreitet, so etwa kürzlich Don Carlos in Bremen (armer Schiller!) (anders freilich, wenn er sich in Kenntnis der Lage um diese beneidenswerte Rolle beworben hatte). – Aus Italien wird berichtet, daß eine Bedienstete des Nachtclubs „The Pink Panther" statt im vorgeschriebenen Bikini in der Kluft einer Krankenschwester Dienst tun wollte: so vieler Schamhaftigkeit muß der Arbeitgeber wiederum auch nicht Rechnung tragen.

Der Zustand der Personalakten, namentlich die Entfernung mißbilligender Vermerke, ist zum Gegenstand einer breitgefächerten Rechtsprechung geworden[46], deren Schwerpunkt freilich wohl eher in Art. 12 zu suchen ist. Soweit der Vermerk indessen die Grundlage von Rechten des Arbeitgebers, etwa einer späteren Kündigung, bildet, muß der Arbeitnehmer seinen Verbleib hinnehmen. – Ein heimlich aufgenommenes Tonband oder abgehörtes Gespräch kann im Kündigungsschutzverfahren (grundsätzlich) nicht verwertet werden[47]. – Die Bekanntmachung eines Diebstahls durch Aushang am Schwarzen Brett ist in gleicher Form zu widerrufen, wenn sich der Vorwurf als unbegründet herausstellt[48] (ein bloßer, auch schwerer Verdacht dürfte keinesfalls, auch nicht zur Abschreckung anderer möglicher Täter, auf diese Weise verbreitet werden). – Die Speicherung von Telefondaten beschäftigt die Rechtsprechung ebenfalls übermäßig oft[49]. – Kann der Arbeitgeber ein in einer Betriebsvereinbarung niedergelegtes

---

versteckte Videokassette); für Österreich vgl. Einigungsamt Wien 24. 4. 1986, RdW 1986, 281. – Zum amerikanischen Recht vgl. Susser, Electronic monitoring in the private sector, EmplRelLJ 13 (1988) 575 ff. – Zum Einsatz von Detektiven vgl. Becker, Detektive zur Überwachung von Arbeitnehmern? (1981). – Zur Verwendung von Lügendetektoren bei der Einstellung und während des Arbeitsverhältnisses zur Prüfung von Ehrlichkeit und Betriebstreue in den Vereinigten Staaten, wo zwei Millionen solcher Prüfungen pro Jahr stattfinden sollen, vgl. Hartsfield, LabLJ 1985, 817 ff.; Note, HarvardLR 101 (1988) 806 ff.; in 41 Staaten der USA ist dies Gegenstand der Gesetzgebung geworden.

[44] Vgl. Kommentare zu § 87 BetrVG; AR II 376 ff.; zuletzt BVerwG 31. 8. 1988, NJW 1989, 848.

[45] AR I 502; keine Persönlichkeitsverletzung liegt im Zugang einer Kündigung am Heiligen Abend, BAG, AP Nr. 88 zu § 626 BGB. – Ungehörige Form der Abmahnung: LAG Schleswig-Holstein 31. 7. 1986, LAGE Nr. 6 zu § 611 BGB Abmahnung.

[46] Zuletzt BAG, AP Nr. 14 zu § 611 BGB Persönlichkeitsrecht = E 54, 365; LAG Frankfurt, LAGE Nr. 14 zu § 611 BGB Fürsorgepflicht; AR I 289 f.

[47] Vgl. LAG Berlin 15. 2. 1988, DB 1988, 1024; ArbG Berlin 23. 11. 1988, DB 1989, 885; vgl. auch BAG, AP Nr. 3 zu § 284 ZPO = E 41, 37 (42) (heimlicher Zeuge des Gesprächs).

[48] BAG, AP Nr. 13 zu § 847 BGB.

[49] Vgl. BAG, AP Nr. 15 zu § 87 BetrVG 1972 Überwachung = E 52, 88 (Billigung der Speicherung von Dienstgesprächen und Privatgesprächen bei dienstlichem Anlaß, Regelung in Betriebsvereinbarung); ablehnend LAG Hamburg 31. 1. 1986, LAGE Nr. 2 zu § 23 BDSG; BAG, AP Nr. 3 zu § 23 BDSG = E 54, 67, untersagt die Speicherung der Rufnummern der von einem angestellten Psychologen angerufenen Patienten; AR

Alkoholverbot durch entsprechende Prüfungen durchsetzen und die Weigerung, sich untersuchen zu lassen, als Eingeständnis der Trunkenheit werten[50]? An der Aufbewahrung der Personalakten eines abgewiesenen Bewerbers hat der Arbeitgeber kein schützenswertes Interesse[51], Ausdruck des Grundsatzes, daß nur betriebsbezogene Einschränkungen überhaupt zugelassen sind (oben 1 a).

Ein heikler Bereich ist die Torkontrolle. Sie greift tief in die Persönlichkeit ein und ist doch in vielen Betrieben, man denke etwa an das Schmuckwarenhandwerk, unverzichtbar. Auch hier wird die Verteidigungslinie durch Einschaltung des Betriebsrats, § 87 Z. 1 BetrVG, vorverlegt; in der Regel wird der Richter darauf vertrauen können, daß der nötige Ausgleich in der Betriebsvereinbarung und durch die Mitwirkung des Betriebsrates gefunden wird, aber Ausnahmen von der Regel (Minderheitenschutz!) sind nicht ausgeschlossen[52]. – Die Untersuchung durch den Vertrauensarzt, die ähnlich prekär in die Persönlichkeitssphäre eingreift, ohne doch dem Arbeitgeber ganz verweigert werden zu können, wird durch Einbeziehung der Krankenversicherung gemildert, § 369 b RVO[53]; auch die Schweigepflicht des Betriebsarztes schützt die Persönlichkeit des Arbeitnehmers[54]. – Betriebsbußen schließlich sind nur erträglich, wenn sie vorher in einer Betriebsvereinbarung nach rechtsstaatlichen Gesichtspunkten verankert wurden und der Betriebsrat mitbestimmt, § 87 I Z. 1 BetrVG[55].

Die *menschliche Arbeit* bildet ebenfalls einen Teil der Persönlichkeit[56], so daß sich die Schutzbereiche von Art. 1 und 2 und Art. 12 überlappen. Der Beschäftigungsanspruch bei aufrechtem Arbeitsverhältnis wurzelt im Persönlichkeitsschutz, soweit durch die Vorenthaltung der Beschäftigung ein Unwerturteil ausgedrückt, dagegen in Art. 12, soweit dadurch die spätere berufliche Tätigkeit (etwa eines Schauspielers) gefährdet wird. Der Weiterbeschäftigungsanspruch nach Kündigung findet seine Begründung in erster Linie im Berufsinteresse. Die Rechtsprechung hat ihn gerade aus dem Grund entwickelt, um den Arbeitnehmer davor zu schützen, daß der Arbeitgeber auch bei unwirksamer Kündigung durch Wiederbesetzung des Arbeitsplatzes oder Umorganisation des Betriebes den Erfolg der Kündigungsschutzklage zunichte macht. Die Unterscheidung ist deshalb von Bedeutung, weil das durch Art. 12 geschützte Interesse in § 102 V BetrVG gesetzlich konkretisiert wurde

---

I 55. – Zur Aufschaltanlage s. schon oben I Anm. 9, eine Musterbetriebsvereinbarung in NZA 1987, 11 f. – Für Österreich vgl. Einigungsamt Innsbruck 30. 5. 1985, Arb. 1041; Funk-Krejci-Schwarz, DRdA 1984, 285 ff.
50 Verneinend in Frankreich Conseil d'Etat 1. 2. 1980, Droit Social 1980, 317.
51 BAG, AP Nr. 7 zu § 611 BGB Persönlichkeitsrecht = E 46, 98.
52 Zum Zusammenhang mit Art. 1 schon Mallmann, JZ 1951, 27; Leisner 265.
53 AR I 251 f.
54 Däubler, BB 1989, 282 ff.
55 Vgl. Kommentare zu § 87 I BetrVG; AR II 357 ff.
56 Vgl. etwa BVerfGE 7, 377 (397); 30, 292 (334); 54, 301 (313); 63, 266 (286), u. a.; Häberle, JZ 1984, 348 mit Anm. 16.

III. Überblick über die Rechtsprechung

und daher insoweit für eine richterliche Ausdehnung der Weiterbeschäftigung nach Kündigung kein Platz war. Der Große Senat hat sich daran freilich nicht gekehrt[57]. – Auch die berufliche und politische Weiterbildung ist für das Bundesverfassungsgericht Teil der Persönlichkeitsentfaltung[58].

Schutz vor dem Zwang zur Arbeit gewähren Art. 12 II und III, doch ist das Verbot der Zwangsarbeit und der Sklaverei zu allen Zeiten unmittelbar in der Würde des Menschen verankert gewesen, vgl. auch § 888 II ZPO (oben 1 c).

Der Bereich von Art. 1 wird auch berührt, wenn der Arbeitnehmer durch übermäßige Schadenersatzverpflichtungen, mögen sie konkret auch grober Fahrlässigkeit entsprungen sein, Zeit seines Lebens auf das pfändungsfreie Mindestmaß heruntergedrückt wird[59].

Ein eigenständiges Gebiet mit inzwischen durchgängig einzelgesetzlichen Schutznormen ist der *Datenschutz* geworden, ebenfalls Beispiel für die Suche nach der rechten Mitte zwischen Schutz des Arbeitnehmers und Bedürfnissen der Produktion[60].

Art. 2 schützt auch die Handlungsfreiheit des Arbeitgebers auf wirtschaftlichem Gebiet[61].

b) Breitesten Raum nimmt in der Rechtsprechung der Gleichheitssatz ein. Die Verletzung von Art. 3 II durch die tariflichen Frauenlohnklauseln brachte

---

[57] BAG, GS, AP Nr. 14 zu § 611 BGB Beschäftigungspflicht = E 48, 122, und dazu Anmerkungen in EzA Nr. 3 und 9 zu § 611 BGB Beschäftigungspflicht. – Trotz großer Länge des Beschlusses und kaum mehr überschaubaren Schrifttums sind wir auch in der Frage der Weiterbeschäftigung von einer Einigkeit weit entfernt. So sieht LAG Niedersachsen, LAGE Nr. 14 zu § 611 BGB Beschäftigungspflicht, die der richterlichen Rechtsfortbildung gezogenen Grenzen für verletzt an, während umgekehrt LAG Niedersachsen, LAGE Nr. 21 ebda., unter Berufung auf Art. 12 („Einbuße an Fachwissen") bestreitet, daß die sofortige Weiterbeschäftigung nach den Grundsätzen des Großen Senats nur bei offensichtlich unwirksamer Kündigung gefordert werden könne. – Nachweise AR I 485 ff.
[58] BVerfGE 77, 308 (335).
[59] Vgl. BVerfGE 72, 155 (170 ff.), BAG 13. 10. 1989, 8 AZR 276/88; Canaris, JZ 1987, 993 ff. (995, 1002); a. A. Zöllner, AcP 1988, 96. Nach Zöllners Ansicht ist die Gesellschaft „schlecht beraten, wenn sie das Heer der Beamten und Arbeitnehmer von Haftungsrisiken immer freier stellt". – Zur Lage des Berufskraftfahrers vgl. aber Eberlein, BB 1989, 621 ff.
[60] Vgl. BAG, AP Nr. 2 zu § 23 BDSG = E 53, 226 (dazu Kort, CR 1987, 697 ff.); Nr. 15 zu § 87 BetrVG 1972 Überwachung = E 52, 88; LAG Baden-Württemberg 11. 7. 1985, AuR 1986, 247. – Zum Schrifttum vgl. neben den Kommentaren zum BDSG Wohlgemuth, Datenschutz für Arbeitnehmer (2. Aufl. 1988); Schmitt Glaeser, Handbuch des Staatsrechts VI § 129 Nr. 76 ff.; Heither, BB 1988, 1049 ff.; Linnenkohl u. a., BB 1988, 57 ff.; (ausführlich) Ehmann, AcP 1988, 230 ff. (338 ff.); Teske, Anm. LAGE Nr. 1 zu § 23 BDSG. – Weiteres Schrifttum AR I 55 f. – Das BDSG ist tauglicher Gegenstand einer Schulung des Betriebsrats, LAG Niedersachsen 28. 9. 1979, EzA Nr. 64 zu § 37 BetrVG 1972.
[61] Vgl. BVerfG, AP Nr. 28 zu Art. 2 GG = E 73, 261 (270) (Verfassungsverstoß verneint).

den Durchbruch der Drittwirkungslehre[62] überhaupt. Inzwischen ist die Gleichbehandlung der Geschlechter auf dem Umweg über das europäische Recht, an dem sich nunmehr auch die Auslegung des einfachen Gesetzes ausrichtet[63], in die Ebene des einfachen Gesetzes eingemündet, §§ 611 a und b, 612 III BGB. Sie füllt jetzt schon ein ganzes Buch[64].

Wir erleben hier einen starken Schub weiterer Verrechtlichung der Arbeitsbeziehungen, zu Lasten auch, was noch durchaus unausgelotete Probleme aufwirft, der Tarifautonomie. Die Lohnfindung wird sich, diese Voraussage ist erlaubt (und wird durch das englische Beispiel bestätigt[65]), immer mehr in den Gerichtssaal verlagern. Man wird sich dabei, so gut es geht, auf objektive Merkmale stützen wie Ausbildung, Wissen, Erfahrung, Übung, Fertigkeiten; körperliche und nervliche Anstrengung, Geschicklichkeit und Findigkeit; Selbständigkeit und Verantwortung für anvertraute Werte, Aufsichts- und Lenkungsaufgaben u. a. Die möglichen Unterscheidungsmerkmale sind freilich so vielfältig wie das Leben selbst (gebührt dem männlichen Arbeitnehmer eines Wettbüros deshalb ein höheres Entgelt, weil er zusätzlich die Aufgabe hat, rabiate Kunden hinauszuwerfen?); und warum sollte die Berufung auf den gleichen Wert der Arbeit auf den Unterschied nach dem Geschlecht beschränkt bleiben? – Auch in der Schweiz ist „gleicher Lohn für gleiche Arbeit" inzwischen zum Inhalt der Verfassung, Art. 4 II, geworden.

Zur Gleichberechtigung gehört auch der gleiche Zugang zur Arbeit und der gleiche Aufstieg im Beruf. Sie sind nunmehr Gegenstand von §§ 611 a und b BGB, doch ist der Gleichberechtigung durch diese Vorschriften kein guter Dienst erwiesen worden. Nicht zu Unrecht wird § 611 a II als „Portoparagraph" verspottet[66]. Die Rechtsprechung beugt sich zwar dem eindeutig erklärten Willen des Gesetzgebers (und der durch den EuGH gegebenen Auslegung des europäischen Rechts) insoweit, als der wegen ihres Geschlechts abgewiesenen Frau ein Einstellungsanspruch versagt bleibt und auch durch Richterrecht nicht durchgesetzt wird. Sie hat jedoch den in § 611 a II allein vorgesehenen Schadenersatz wegen der umsonst aufgebrachten Bewerbungskosten durch eine kräftige „Bußzahlung" des Arbeitgebers – etwa: in Höhe von sechs Monatslöhnen – ersetzt und begründet dies mit der in der Abweisung liegenden Verletzung des Persönlichkeitsrechts (oben a)[67]. So verständlich die Ungeduld der Richter ist: hier wird der Grundsatz mißachtet, daß das engere Gesetz dem weiteren vorgeht, mit der Bindung des Richters an das Gesetz ist dies nicht vereinbar.

---

[62] Beginnend mit BAG, AP Nr. 4 zu Art. 3 GG = E 1, 258 st. Rspr.; ein später Nachzügler BAG, AP Nr. 136 zu Art. 3 GG = E 50, 137.

[63] Vgl. zuletzt EuGH, AP Nr. 13 zu Art. 119 EWG-V (kritisch Mayer-Maly, SAE 1987, 170); ArbG Oldenburg 5. 5. 1988, NZA 1988, 697; EuGH 13. 7. 1989, DB 1989, 1574.

[64] Nachweise AR I 27 ff., zuletzt Hofmann, JuS 1988, 249 ff. und Pfarr-Bertelsmann, Diskriminierung im Erwerbsleben (1989). – Blomeyer, Anm. AP Nr. 2 zu § 1 BetrAVG Gleichberechtigung, spricht von der „allmählich ausufernden Problematik" dieses Bereichs.

[65] So hat sich in England inzwischen der Sachverständige für Gleichwertigkeitsfragen als Beruf durchgesetzt.

[66] Nachweise AR I 38 ff.

[67] Vgl. LAG Hamburg 11. 2. 1987, LAGE Nr. 3 zu § 611 a BGB, und nunmehr auch BAG 14. 3. 1989, BB 1989, 630.

III. Überblick über die Rechtsprechung

Auch der allgemeine Gleichheitssatz verlangt Anwendung und Ausgestaltung in immer wieder neuem Wechsel[68]. An ihm scheitert die grundlose Schlechterstellung einzelner Arbeitnehmer bei der Gewährung freiwilliger Leistungen oder einer allgemeinen Lohnerhöhung, bei Versetzung und Beförderung; ob auch bei der Kündigung, ist umstritten und unklar. Dagegen ist die Begünstigung einzelner Arbeitnehmer zulässig und gibt den anderen Arbeitnehmern keinen Anspruch auf Angleichung[69]. Wollte man anders entscheiden, wäre das das Ende solcher Begünstigungen überhaupt, niemand hätte etwas davon. Sie sind auch meist Ausdruck einer entsprechend starken Verhandlungslage des Arbeitnehmers – wenn er nicht aufgebessert wird, dann geht er –, in einer Marktwirtschaft darf diese Quelle des Erwerbs nicht verstopft werden. Wann freilich eine Benachteiligung unzulässig, weil, wie meist gesagt wird, „unsachlich", ist, ist wiederum der eigentliche Schwerpunkt einer Fülle dezisionistischer Entscheidungen. Eine Ungleichbehandlung, der das Unrecht auf der Stirn geschrieben steht – etwa wegen der Eigenschaft des Arbeitnehmers als Ausländer oder Angehöriger einer politischen Partei –, mag in der Praxis vorkommen, wirft aber keine rechtlichen Probleme auf. Die umfangreiche Rechtsprechung dreht sich vielmehr um die Sachlichkeit von Unterscheidungen, die aus der Sicht des Arbeitgebers einen guten Grund haben, den von der Leistung Ausgeschlossenen jedoch deshalb nicht minder schmerzen. Manche dieser Merkmale sind in Gesetz und Tarifvertrag fest verwurzelt und damit auch dem Arbeitgeber als Unterscheidung erlaubt. Wichtigstes Beispiel ist die Betriebszugehörigkeit, eine Eigenschaft, die mit Art und Umfang der Arbeit vielfach nichts zu tun hat – ein erfahrener Meister kann eine kurze Betriebszugehörigkeit aufweisen, ein Arbeitnehmer mit langer Betriebszugehörigkeit mit einer Arbeit beschäftigt sein, die für ihn ganz neu ist – und die doch sogar kraft Gesetzes für die Höhe der Abfindung, § 10 KSchG, und Länge der Kündigungsfrist, § 622 BGB, und nach den Tarifverträgen auch für den Lohn und vieles andere von Bedeutung ist. Sozialzulagen haben ebenfalls zur Arbeitsleistung keine Beziehung und sind dennoch ganz unangefochten.

Dem Arbeitgeber sind auch viele andere Gruppenbildungen erlaubt: er kann eine Leistung den Arbeitnehmern in ungekündigtem Arbeitsverhältnis vorbehalten, wenn er mit ihr die Bindung an den Betrieb fördern will (sachlicher Grund: Begrenzung der Fluktuationskosten), nicht dagegen, wenn es sich lediglich um eine rückwirkende Lohnerhöhung handelt; aber auch im ersten Fall spielt der Kündigungsgrund eine Rolle. – Unterscheidung nach einem Stichtag, wenn eine Leistung eingeführt werden soll, nicht aber sofort allen zugute kommen kann, oder nach dem Alter (bei Versorgungsordnung)[70]; – nach Stammbelegschaft und übernommener Belegschaft bei Übernahme

---

[68] Auch hier sind Schrifttum und Rechtsprechung kaum mehr übersehbar, alle Nachweise AR I 41 ff.; Schaub § 112; Leisner 272 ff.

[69] Zuletzt LAG Schleswig-Holstein 4. 9. 1986, DB 1987, 442.

[70] AR I 49 f.; zuletzt BAG, AP Nr. 5 zu § 1 BetrAVG Gleichbehandlung = E 50, 356.

eines Betriebes, denn der Zwang zur Ausdehnung einer freiwilligen Leistung auf die übernommene Belegschaft könnte die Übernahme selbst gefährden. In ähnlicher Weise kann dieselbe Arbeit als Folge von Rationalisierungsschutz und Sozialplan unterschiedlich bezahlt werden, wenn etwa dem Arbeitnehmer der alte höhere Verdienst bei Versetzung auf einen schlechter bewerteten Arbeitsplatz gesichert ist, während er dort auf andere Arbeitnehmer trifft, die immer nur mit der schlechter bezahlten Arbeit beschäftigt waren. – Auch die Verwaltungsvereinfachung ist als tauglicher Grund für eine Gruppenbildung anerkannt.

Unzulässig sind Unterscheidungen, die nach Art. 3 III und § 75 BetrVG nicht zugrunde gelegt werden dürfen. Aber auch die Unterscheidung zwischen Arbeiter und Angestelltem, bis vor wenigen Jahren unangefochten und in Gesetzen, § 622 BGB, und zahlreichen Tarifverträgen verankert, wird als Grundlage einer Schlechterbehandlung der einen Gruppe nicht mehr anerkannt[71]; dagegen bildet die Bevorzugung von Führungskräften[72] oder der Arbeitnehmer gegenüber den Heimarbeitern[73] keinen Verstoß gegen die Pflicht zur Gleichbehandlung. Bei der Gruppenbildung haben die Tarifpartner einen weiteren Spielraum als der einzelne Arbeitgeber[74]; ob der einzelne Arbeitgeber sich auf das Vorbild einer tariflichen Regel berufen kann, um damit die eigene Ungleichbehandlung zu rechtfertigen, ist zweifelhaft[75]. Was nun hierbei zulässig und was unzulässig ist, entscheidet letztlich der Richter (oben II 2 f).

Tarifliche Leistungen den Mitgliedern des tarifschließenden Verbandes vorzubehalten, ist zwar in der Praxis durchaus unüblich und erregt Aufsehen, ergibt sich in seiner Zulässigkeit jedoch unmittelbar aus § 3 I TVG und ist deshalb kein Verstoß gegen die Gleichbehandlung. Die Vorschrift trägt dem Rechnung, daß die Mitglieder mit ihren Beiträgen und ihrer freiwilligen Arbeit die Lasten der Organisation tragen und Tarifautonomie damit überhaupt erst möglich machen. Dem Außenseiter die gleichen Leistungen zuzusprechen wäre umgekehrt ein Verstoß gegen den Gleichbehandlungssatz[76]. Daß der Arbeitgeber Gleichbehandlung tatsächlich weitgehend übt, steht auf einem anderen Blatt.

Anspruchsgrundlage in all diesen Fällen ist nach h. M. der arbeitsrechtliche Gleichbehandlungssatz. Er ist seit langem Gewohnheitsrecht, wird aber auch mit Treu und Glauben, der Fürsorgepflicht, der Billigkeit, dem Bestehen eines Gemeinschaftsverhältnisses, der Menschenwürde oder der Idee der Gerechtigkeit schlechthin begründet; zuweilen beruft man sich auch auf Aristoteles[77]. Mir scheint eine ungekünstelte Erklärung die Drittwirkung des Art.

---

[71] Oben II Anm. 37.
[72] BAG, AP Nr. 4 zu § 1 BetrAVG Gleichberechtigung = E 53, 309.
[73] BAG, AP Nr. 2 zu § 29 HAG = E 52, 238 (Kündigungsfristen).
[74] Vgl. etwa BAG, AP Nr. 1 zu § 20 a AVR = E 54, 308; AR I 48.
[75] Verneinend ArbG Oldenburg 18. 9. 1987, BB 1988, 139.
[76] Vgl. BAG, AP Nr. 7 zu § 4 TVG; Nr. 8 zu § 112 BetrVG 1972 = E 31, 266 (279 f.); AR II 97 f.; a. A. Wiedemann-Stumpf, Bem. 125 zu § 3 TVG.

III. Überblick über die Rechtsprechung

3 I zu sein. Sie zwingt nicht zur Nivellierung und bedeutet kein Plattwalzen aller Unterschiede, allen Notwendigkeiten einer Anpassung kann mit dieser Erklärung ebenso wie mit den anderen Rechnung getragen werden. Ob der arbeitsrechtliche Gleichheitssatz „weit subtiler" als die Drittwirkung von Art. 3 gehandhabt wird[78], hängt nur von dieser Handhabung ab. Gegenüber den allgemeinen Grundsätzen der Gerechtigkeit ist Art. 3 I die speziellere, gesetzliche Norm; man bestraft ja auch den Mord heute nach § 211 StGB und nicht nach dem 5. Gebot[79]. Die Lage ist keine andere als bei den anderen Grundrechten. Im Bereich des Art. 3 II zögert die h. M. ja auch nicht, sich auf Art. 119 EWG-Vertrag zu berufen, obwohl dieser von seinem Wortlaut her für eine unmittelbare Anwendung ganz unbrauchbar ist[80].

c) Zu einem Grundrecht von stets steigender Bedeutung entwickelt sich Art. 4, Freiheit des religiösen und auch des politischen Gewissens[81]. Stärkste Form dieser Berücksichtigung ist das Gesetz über die Lohnzahlung an Feiertagen[82]. In anderen Fällen besagt Richterrecht, ob nur Befreiung von der Arbeitspflicht oder auch Weiterzahlung des Lohnes geschuldet wird, Beispiel etwa der höchste Feiertag des Islam[83]. In vielen weiteren Fällen ist anerkannt, daß der Arbeitgeber zumindest alle zumutbaren Anstalten treffen muß, um durch Umorganisation die das Gewissen bedrückende Arbeit einem anderen Arbeitnehmer, den sie nicht beschwert, zuzuteilen, Ausdruck des Grundsatzes vom schonendsten Mittel[84] (oben 1 b).

---

[77] Vgl. Hueck, Der Grundsatz der gleichmäßigen Behandlung im Privatrecht (1958) §§ 12 - 16; Egger, Gestaltungsrecht und Gleichbehandlungsgrundsatz im Arbeitsverhältnis (1979) 15 ff.

[78] Maunz-Dürig-Herzog-Scholz, Bem. 514 zu Art. 3 I.

[79] Ähnliche Überlegungen im allgemeinen bei Häberle, Wesensgehaltgarantie (oben II Anm. 4) 148.

[80] Badura, Festschrift Berber (1973) 23 f., beruft sich auf Art. 3 I und II für die „quasinormativen allgemeinen Arbeitsbedingungen" und auf den arbeitsrechtlichen Gleichbehandlungsgrundsatz für die Rechtsbeziehungen des Arbeitgebers „zum einzelnen Arbeitnehmer". – Vgl. im übrigen Nachweise AR I 43 f.

[81] Vgl. Kommentare zu Art. 4; Bethge, Handbuch VI § 137; AR I 56 f.; Mayer-Maly, Festschrift Gerhard Müller (1981) 325 ff.; Mayer, AuR 1985, 105 ff.; Otto, Personale Freiheit und soziale Bindung (1978) § 5. – Für Frankreich vgl. Kassationshof 16. 12. 1981, D. S. 1982 i. r. 315. Für die Vereinigten Staaten vgl. Lupu, HarvardLR 102 (1989) 933 ff.

[82] Gesetzliche Anordnung der Drittwirkung im Arbeitsverhältnis des Baden-Württembergischen Sonn- und Feiertagsgesetzes, dazu Hollerbach, Handbuch des Staatsrechts VI § 140 Nr. 63.

[83] Vgl. LAG Düsseldorf 14. 2. 1963, JZ 1964, 258; Canaris, AcP 1984, 239 Anm. 120.

[84] Vgl. LAG Hamburg, AP 1952 Nr. 105; Conrad, Freiheitsrechte und Arbeitsverfassung (1965) 57. – Das Recht der Vereinigten Staaten verlangt vom Arbeitgeber „reasonable accomodation", indessen keine „undue hardship", *Trans World Airlines, Inc. v. Hardison*, 432 U. S. 63 (Ablehnung der Samstagsarbeit aus religiösen Gründen, Kündigung gebilligt; die Rücksicht auf die Gewissensbedenken des Arbeitnehmers wäre zu Lasten anderer, älterer Arbeitnehmer unter Verletzung der tariflichen Senioritätsregelung gegangen), dazu Preer, EmplRelLJ 1989, 67 ff.

Die vom Arbeitgeber zu erwartenden Anstrengungen sind um so größer, je mehr die Bedrängnis des Gewissens als solche auf allgemeine Anerkennung rechnen kann, um so geringer, je eigenwilliger und weniger von allgemeiner Überzeugung getragen sie erscheint; Ausgangspunkt bleibt aber, daß der Arbeitnehmer selbst bestimmt, was sein Gewissen fordert[85].

Weitere Stichworte: Tragung der Kleidung des Bhagwan bei der Arbeit[86]; Arbeit an einem Druckwerk, das den Nationalsozialismus verherrlicht oder verharmlost[87]; Mitarbeit an Forschungen mit für die Menschheit unabsehbaren Folgerungen[88]; in früheren Zeiten hat der Fall einer Apothekerin die Gemüter erhitzt, die aus religiösen Gründen Verhütungsmittel nicht im Handverkauf abgeben wollte[89]. Ein gesetzlicher Anwendungsfall der Beachtung der Gewissensfreiheit ist die Befreiung von der Mithilfe bei der Abtreibung (oben 1 c).

Was dem Arbeitgeber an Umorganisation zumutbar ist, um den Gewissensbedenken Rechnung zu tragen, läßt sich in einer allgemeinen Formel nicht umschreiben.

Geschützt sind auch die negative Glaubens- und Gewissensfreiheit: nicht zu glauben ist die spiegelbildliche Kehrseite des Glaubens. Art. 136 III WV, 140 GG, sagt dazu: „Niemand ist verpflichtet, seine religiöse Überzeugung zu offenbaren. Die Behörden haben nur soweit das Recht, nach der Zugehörigkeit zu einer Religionsgesellschaft zu fragen, als davon Rechte und Pflichten abhängen . . ."; das gilt auch bei der Anbahnung des Arbeitsverhältnisses (unten 3 f (3)).

---

[85] Vgl. BAG 24. 5. 1989, DB 1989, 1191; zur Bestimmung des Gewissens Bethge (oben Anm. 81) Nr. 10. – Zu den Schwierigkeiten des Begriffs „religiosity" in den Vereinigten Staaten vgl. Lupu (oben Anm. 81) 957 ff.

[86] Vgl. LAG Düsseldorf 22. 3. 1984, DB 1985, 391; dagegen ist einem angestellten Lehrer in einer staatlichen Schule eine Kleidung nicht gestattet, die sich als Werbung für eine bestimmte Religion darstellt, dazu von Campenhausen, Handbuch des Staatsrechts VI § 136 Nr. 84.

[87] BAG, AP Nr. 12 zu § 123 GewO; Nr. 27 zu § 611 BGB Direktionsrecht = E 47, 363, dazu billigend Preuß, AuR 1986, 382, kritisch Reuter, BB 1986, 385 ff. Es muß sich indessen um eine Gewissensfrage handeln, die diesen Namen verdient; immerhin war dem Grundgesetzgeber bei Schaffung des Art. 4 die Verfolgung der ernsten Bibelforscher und der Zeugen Jehovas durch das Dritte Reich vor Augen gestanden. „Skrupel und Zweifel" sind noch kein „Gewissen" im Sinn von Art. 4, und hinter der Behauptung eines politischen Gewissens steht oft genug der Wunsch, „eine politische Überzeugung durchzusetzen, zu fördern oder ihr Öffentlichkeit zu verschaffen", so LAG Kiel 6. 1. 1983, NJW 1983, 1222. Hier schützt, verquere Interessenlage, der Anspruch des Arbeitgebers auf Erfüllung des Arbeitsvertrages das durch Art. 5 GG gewährleistete Interesse der Leserschaft, an keiner Stelle einer Zensur durch unberufene Personen ausgesetzt zu sein. Trotzdem war die Kündigung unverhältnismäßig gewesen: der Arbeitgeber hätte die Arbeit anders verteilen können, so BAG, AP Nr. 27 aaO. Nicht vergessen soll dabei jedoch werden, daß dieser ersten Kraftprobe sehr bald die zweite und viele weitere folgen werden, vgl. ArbG Berlin 27. 3. 1986, AuR 1986, 315, wobei sich der (jeweilige) Arbeitnehmer auf den Ausgangsfall berufen wird. – Zum Mißbrauch des Gewissens im politischen Tageskampf auch Bethge aaO Nr. 36 ff. – Dazu im allg. AR I 56 f.

[88] Vgl. LAG Düsseldorf 22. 4. 1988, BB 1988, 1750, und BAG 24. 5. 1989, DB 1989, 1191, dazu Kohte, NZA 1989, 161 ff.; Wendeling-Schröder, BB 1988, 1742 ff.

[89] AR I 56 f.

Arbeitnehmer in einem religiösen Tendenzunternehmen müssen sich stärkere Einschränkungen ihrer Religionsfreiheit gefallen lassen; für die rund 600 000 Arbeitnehmer der großen Kirchen ein Problem von einigem Gewicht (oben 1 a).

d) Auch Art. 5[90] spielt im Arbeitsverhältnis eine große Rolle. Der Arbeitnehmer muß davor bewahrt werden, daß er seine Meinung im Betrieb nicht frei äußern kann. Meist handelt es sich um politische Bekundungen, aber auch Äußerungen über die Zustände im Betrieb[91] usw. unterliegen dem gleichen Schutz.

Wichtigster Anwendungsfall ist die Kündigung aus politischen Gründen. Sie scheitert in der Regel schon daran, daß das Haben einer politischen Meinung weder den Tatbestand des § 626 BGB noch des § 1 KSchG erfüllt; das gilt auch, wenn der Arbeitgeber ein entsprechendes Verbot erlassen hatte und die Kündigung auf dessen Nichtbeachtung stützt, denn schon das Verbot ist, unabhängig von der Beteiligung des Betriebsrats, unwirksam. Art. 5 gewinnt gegenüber der ordentlichen Kündigung seine volle Bedeutung indessen während der Wartefrist des § 1 KSchG[92] oder bei Versäumung der Frist des § 4 KSchG, gegenüber der außerordentlichen Kündigung bei Bewertung des Verhaltens als wichtiger Grund.

Im Kleinbetrieb, § 23 KSchG, steht dagegen das gegenseitige Vertrauensverhältnis im Vordergrund. Es kann auch durch politischen Streit zerstört werden, und das mag dazu führen, daß man die Kündigung für wirksam ansieht. – Das Verbot parteipolitischer Betätigung in § 74 II BetrVG ist Ausdruck der Stellung von Arbeitgeber und Betriebsrat. Es ist nicht nur im Interesse der vertrauensvollen Zusammenarbeit erlassen, sondern schützt auch die Belegschaft vor dem Meinungsdruck, der dann besonders stark ist, wenn Arbeitgeber und Betriebsrat derselben Meinung anhängen. Die Vorschrift ist durch Art. 5 II gedeckt.

Politische Aktionen für eine extremistische Partei[93] oder gegen die Notstandsverfassung[94], Zugehörigkeit zu einer Partei der äußersten Linken[95] u. a. sind Beispiele, in

---

[90] Vgl. Kommentare zu Art. 5; Schmidt-Jortzig, Handbuch des Staatsrechts VI § 141; Leisner 266 f.; Conrad (oben II Anm. 67); Buchner, ZfA 1982, 49 ff.; Söllner, Festschrift Herschel (1982) 389 ff.; Däubler, Gewerkschaftsrechte im Betrieb (5. Aufl. 1986) 181 ff.; AR I 58 f. – Zur Rechtsprechung des BVerfG Schmitt Glaeser, AöR 1988, 52 ff.
[91] Vgl. BAG, AP Nr. 9 zu Art. 5 I Meinungsfreiheit = E 39, 289 (unwahre Behauptungen gegenüber dem „Spiegel", Abmahnung); Nr. 3 zu § 1 GesamthafenbetriebsG (drastische Kritik an den Zuständen im Betrieb, Kündigung nicht gebilligt); ArbG Stuttgart 23. 1. 1980, AuR 1980, 346 (maßvolle Kritik an Übelständen, Abmahnung nicht gebilligt).
[92] Zur Kündigung während der Wartefrist, wenn der Gekündigte nach Art. 33 II einen Einstellungsanspruch gehabt hätte, BAG, AP Nr. 23 zu Art. 33 II GG = E 51, 246.
[93] BAG, AP Nr. 28 zu § 66 BetrVG 52.

denen das BAG die Kündigung jeweils nicht gebilligt hat[96] (und wenn Art. 5 seine Bedeutung als „Recht zum Irrtum" (Herschel[97]) behalten soll, muß gleiches auch für verfehlte extreme Ansichten auf der anderen Seite des politischen Spektrums gelten); anders in einem Fall kommunistischer Werbung vor einer Landtagswahl, der viel Aufsehen erregt hat[98]. Maßvolle allgemeinpolitische Äußerungen (hier: gegen die Raketenstationierung) sind auch kein Grund für eine Abmahnung[99]. – Zur Einstellung von Angehörigen verfassungsfeindlicher Parteien in den öffentlichen Dienst s. unten f.

Andererseits braucht der Arbeitgeber eine Störung des Betriebsablaufs und die Vergiftung des Betriebsklimas nicht hinzunehmen. Er ist auch den anderen Arbeitnehmern verantwortlich, die nicht nur vor unsachlichen Angriffen und persönlichen Beleidigungen, sondern auch davor zu bewahren sind, ständig durch politische Eiferer bedrängt zu werden; sie haben das Recht, in Ruhe gelassen zu werden, es ist das eine Art „negative Propagandafreiheit". Ein besonderer Anwendungsfall dieser Überlegung ist das Tragen auffälliger politischer Plaketten im Betrieb[100]. Einer „erheblichen und ernstlichen Störung des Betriebsfriedens" kann der Arbeitgeber mithin durch entsprechende Weisung, notfalls durch Kündigung[101], entgegentreten. Die Regeln des Arbeitslebens sind „allgemeine Gesetze" im Sinn von Art. 5 II; sie sind vor einer allzu schnellen Opferung zugunsten der Meinungsfreiheit zu bewahren, eine Vermutung besteht weder für die Zulässigkeit noch für die Unzulässigkeit der (betriebsstörenden) Meinungsäußerung[102].

Keine Pflicht zur Duldung der Unterbrechung der Arbeit während einiger Minuten, um für den Frieden zu demonstrieren[103]. – Zu Art. 118 WV siehe schon oben II Anm. 75, zur Auslegung von § 99 BetrVG im Licht der Pressefreiheit s. BAG, AP Nr. 10 und 11 zu § 101 BetrVG 1972; zum Tendenzunternehmen s. schon oben 1a.

---

[94] BAG, AP Nr. 83 zu § 1 KSchG = E 23, 371.

[95] BAG, AP Nr. 1 zu § 15 KSchG 1969.

[96] Pflicht zur Wiedereinstellung (und nicht, wie sonst meist, nur zur Zahlung einer Abfindung) bei politisch motivierter Kündigung jetzt auch in Frankreich, Kassationshof 28. 4. 1988, Droit Social 1988, 428 (Couturier).

[97] Zur Freiheit zum Irrtum auch Schmidt-Jortzig, Handbuch des Staatsrechts VI § 141 Nr. 5, mit Hinweisen der Rechtsprechung.

[98] BAG, AP Nr. 2 zu § 134 BGB = E 24, 438 (Angriff auf eine Bank durch einen Angestellten in einem Flugblatt). – Weitere Beispiele AR I 58.

[99] LAG München 4. 10. 1984, DB 1985, 1539; ArbG München 29. 11. 1983, DB 1984, 512; ArbG Herne 17. 8. 1984, AuR 1985, 291.

[100] Dazu AR I 430 f. – Vgl. auch BVerfGE 44, 197 (203). – Schmidt-Jortzig, Handbuch des Staatsrechts VI § 141 Nr. 27.

[101] Vgl. BAG, AP Nr. 5 zu § 611 BGB Beschäftigungspflicht = E 29, 195 (hetzerische Flugblattaktion); Nr. 69 zu § 626 BGB (Angriffe gegen Betriebsrat und Geschäftsleitung); Nr. 1 zu § 1 KSchG 1969 Verhaltensbedingte Kündigung (hetzerische Angriffe gegen Betriebsrat – „Arbeiterverräter" –, Arbeitgeber – „Antreiber" –, und andere Arbeitnehmer); AR I 58 ff.

[102] Gegen eine gewisse Tendenz des Bundesverfassungsgerichts, der Berufung auf Art. 5 zu viel Raum zu geben, Schmitt Glaeser, AöR 1988, 93.

[103] LAG Hamm 17. 4. 1985, DB 1985, 2691.

III. Überblick über die Rechtsprechung 57

e) Aus dem Bereich des Art. 6[104] ist vor allem die sog. Zölibatsklausel[105] zu nennen. Die Vereinbarung im Arbeitsvertrag, daß der Arbeitsvertrag mit der Verheiratung automatisch endet, ist unwirksam[106].

Verbindet der Arbeitgeber damit das Ziel, die Frau ihrer Bestimmung als Ehefrau und Mutter wieder zuzuführen, so mag es sich damit verhalten wie es will, dies durchzusetzen ist kein Anliegen, das dem Arbeitgeber einen Eingriff in die Ehe- und Berufsfreiheit der Arbeitnehmerin erlaubt[107] (oben 1 a). Vernachlässigt die frischgetraute Ehefrau ihre Arbeitspflicht, so mag er kündigen. – Zur Spätehenklausel s. schon oben 1 a. – Unwirksam wäre auch die Bestimmung in Tarifvertrag und Betriebsvereinbarung, daß Eheleute nicht im gleichen Betrieb beschäftigt werden dürfen[108], und eine Versorgungsordnung, die eine Hinterbliebenenversorgung nur für unverheiratete in Ausbildung befindliche Waisen vorsieht[109]. – Der Arbeitgeber ist auch verpflichtet, wirtschaftlich zumutbare Vorkehrungen einer anderen Verteilung der Arbeitszeit zu treffen, wenn anders der Arbeitnehmer seinen Familienpflichten nicht nachkommen kann[110]. – Andererseits geht die Rücksicht auf die erkrankte Ehefrau nicht so weit, daß der Arbeitnehmer seinen Urlaub eigenmächtig verlängern dürfte[111].

Erheblichen Einschränkungen ihrer Ehefreiheit müssen sich nach der Rechtsprechung von BAG und BVerfG die Arbeitnehmer in den konfessionellen Tendenzbetrieben beugen; die Rücksicht auf die Autonomie der Kirchen im Rahmen von Art. 140 hat hier Ausmaße angenommen, die nicht jedermann mehr zu überzeugen vermögen (oben 1 a).

Art. 6 IV ist vom Bundesverfassungsgericht zur Korrektur einer Rechtsprechung zu § 9 I S. 1 MuSchG (Verpflichtung der Arbeitnehmerin zur Bekanntgabe ihrer Schwangerschaft binnen einer Woche (14 Tage) nach Zugang der Kündigung) durch das BAG verwendet worden, die, am Wortlaut festhaltend, den Zweck des Gesetzes nicht hinreichend beachtet hatte[112].

Dieser Vorgang ist um so bemerkenswerter, als die Vorschrift den Arbeitgeber vor unnützen organisatorischen Veränderungen schützen will; das BAG hat sie denn auch anfangs als Ausschlußfrist angesehen und streng gehandhabt, zu Unrecht, der Verlust des Kündigungsschutzes wiegt unverhältnismäßig schwerer als die dem Arbeitgeber

---

[104] Zum folgenden Kommentare zu Art. 6; Lecheler, Handbuch des Staatsrechts VI § 133; Otto, Personale Freiheit und soziale Bindung (1978) § 4; AR I 60 f.
[105] Der Ausdruck ist ganz unangemessen, hat sich aber durchgesetzt. Selbstverständlich geht es nicht um ein Eheverbot, sondern um Nachteile im Arbeitsleben für den Fall der Eheschließung.
[106] BAG, AP Nr. 1 zu Art. 6 Abs. 1 Ehe und Familie = E 4, 274 (Richtlinien für die Einstellung des Landes Nordrhein-Westfalen, Landeskrankenhaus: sieht man die öffentliche Hand ohnehin an die Grundrechte gebunden (oben zu II Anm. 91), so war dies überhaupt kein Fall der Drittwirkung).
[107] Gegen die „Rückführung an den Herd" durch arbeitsrechtliche Sonderregeln auch BVerfG, AP Nr. 100 zu Art. 3 GG = E 21, 329 (353); Maunz-Dürig-Herzog-Scholz, Bem. 23 zu Art. 3 II.
[108] So für Frankreich Berufungsgericht Rennes 31. 1. 1980, Droit Ouvrier 1981, 219.
[109] LAG Hamm 20. 5. 1980, DB 1980, 1550.
[110] ArbG Bielefeld 12. 10. 1988, BB 1989, 558.
[111] LAG Düsseldorf 26. 3. 1985, NZA 1985, 779.
[112] BVerfG, AP Nr. 7 zu § 9 MuSchG = E 52, 357; Stern III/1, 935; AR I 371 f.

sonst drohende Unbequemlichkeit. Art. 6 IV erweist sich als Grundrecht besonderer Durchsetzungskraft, und das ist angesichts der elementaren Bedeutung des Mutterschutzes für die Rechtskultur eines Gemeinwesens[113] zwingende Notwendigkeit. – Nicht überall folgt die Rechtsprechung freilich diesem Muster; so ist es nach wie vor unwiderrufene Rechtsprechung, daß der werdenden Mutter Lohnfortzahlung nicht gebührt, wenn das Hindernis der Fortsetzung der Arbeit nicht diese selbst, sondern der Weg zur Arbeit ist[114]; auch die Rechtsprechung zur Anfechtung des Arbeitsvertrages wegen Verschweigens einer Schwangerschaft und in manchen anderen Bereichen kann nicht immer befriedigen[115].

Es ist auch ein Mißverständnis, aus dem Text von Art. 6 IV zu folgern, daß die „Gemeinschaft", also der Steuerzahler und nicht der konkrete Arbeitgeber, die Lasten des Mutterschutzes zu tragen hätte. Wessen Pflicht dies ist, bestimmt der Gesetzgeber, der die Fürsorge auf den Arbeitgeber überbürdet hat. Daß dies für den kleinen Unternehmer zuweilen viel verlangt, soll damit nicht bestritten werden.

f) Art. 12 ist das arbeitsrechtliche Muttergrundrecht. Auch wenn die Rechtsprechung des BVerfG mehr mit den freien Berufen beschäftigt war, so ist doch wohl kein Zweifel möglich, daß Art. 12 als lex specialis zur allgemeinen Entfaltungsfreiheit[116] das Grundrecht auch der abhängigen Arbeit darstellt[117].

Schon Art. 157 WV hatte die Arbeitskraft unter den besonderen Schutz des Reichs gestellt.

Art. 12 wirkt in entgegengesetzten Richtungen: er schützt vor grundlosem Verlust des Arbeitsplatzes wie vor unangemessener Bindung an ihn. Darüber hinaus bildet er das Einfallstor für eine gerechtere Verteilung des knappen Gutes Arbeitsplatz. Bei der Abwägung geht es um das Verhältnis des Arbeitnehmers zum Arbeitgeber, aber auch der Arbeitnehmer zueinander, insb. des Arbeitsplatzbesitzers zum Arbeitslosen (oben II 2 f a. E.).

(1) Art. 12 schützt den Arbeitnehmer in der Erwartung, seinen Arbeitsplatz nicht ohne sachlichen Grund zu verlieren; insbesondere darf er nicht das Opfer der Überlegung werden, die noch das BGB beherrscht, daß Dauerschuldverhältnisse „grundsätzlich" einseitig lösbar zu sein haben (oben 1 a). Der Schutz verwirklicht sich in erster Linie durch das Kündigungsschutzgesetz. An dessen Wertungen ist der Richter gebunden (oben II 2 d)[118]. § 1

---

[113] Gamillscheg, Festschrift für Erich Molitor (1962) 57 ff.
[114] Vgl. BAG, AP Nr. 4 zu § 11 MuSchG 1968 = E 22, 418, dazu AR I 365 f.
[115] Dazu AR I 155 ff., 361 ff.
[116] Zuletzt BVerfGE 75, 284 (292).
[117] Vgl. Kommentare zu Art. 12; Badura, Festschrift Berber (1973) 11 ff. (21 ff.); Hoffmann-Riem, Festschrift Ipsen (1977) 385 ff.; Hoffmann, AöR 107 (1982) 177 ff.; Tettinger, AöR 108 (1983) 91 ff.; Häberle, JZ 1984, 345 ff.; Breuer, Handbuch des Staatsrechts VI § 147; Gutachten von Schneider und Lecheler, in: Veröffentlichungen der Vereinigung der Deutschen Staatsrechtslehrer, Heft 43 (1985).

III. Überblick über die Rechtsprechung

KSchG ist aber seinerseits im Geiste von Art. 12 auszulegen. Die Kündigung ist nur das letzte Mittel, ultima ratio, und deshalb nicht gerechtfertigt, wenn etwa das mildere Mittel einer Versetzung die gleichen Dienste tut: „Versetzung geht vor Kündigung"[119]; und vor die Kündigung wegen eines Fehlverhaltens ist grundsätzlich die Notwendigkeit der Abmahnung vorgeschaltet worden, die nur dort entfällt, wo der Arbeitnehmer auf keinen Fall von der Erlaubtheit seines Verhaltens ausgehen konnte[120].

Die Vorstellung, der Arbeitnehmer habe Anspruch auf rechtliches Gehör vor einer Kündigung, hat sich freilich bisher nicht entwickeln können; nach wie vor ist es h. M., daß die Kündigung nicht begründet zu werden braucht. Nachträgliche Begründung sieht das Gesetz nur auf Verlangen des Arbeitnehmers, bei der ordentlichen Kündigung sogar nur für die soziale Auswahl, vor. Das Problem ist vielschichtig. Eine schriftlich begründete Kündigung vorzuschreiben, würde dem Arbeitnehmer einen Bärendienst erweisen, würde sie doch alsbald in die Rolle des Zeugnisses hineinwachsen[121]. Andererseits ist zu erwägen, entsprechend dem französischen Beispiel dem eigentlichen Ausspruch der Kündigung ein Kündigungsgespräch mit dem Arbeitnehmer vorzuschalten[122]. Nach geltendem Recht kann es sein, daß der Betriebsrat dem Arbeitnehmer als erster von der bevorstehenden Kündigung Mitteilung machen muß.

Die Konkretisierung des Art. 12 durch das KSchG hat die Rechtsprechung nicht gehindert, weitere Schutzzäune um den Arbeitsplatz zu ziehen. Sie beruft sich dabei ebenso auf diese Vorschrift wie auf Fürsorgepflicht, soziales Schutzprinzip, Rechtsmißbrauch, Gesetzesumgehung u. a.

---

[118] Der besondere Kündigungsschutz (§§ 9 MuSchG, 15 KSchG u. a.) findet seine Grundlage dagegen in erster Linie in anderen Überlegungen: dem Gebot sozialstaatlicher Gerechtigkeit, dem Wunsch nach Demokratisierung des Arbeitslebens u. a.

[119] Die Rechtsprechung hat diesen Grundsatz auch schon übersteigert: etwa im Fall eines alkoholisierten Bundesbahnarbeiters, BAG, AP Nr. 70 zu § 626 BGB = E 30, 309, dazu AR I 429 f., und bei der Ausdehnung der Versetzung auf das ganze Unternehmen, AP Nr. 21 zu § 1 KSchG 1969 Betriebsbedingte Kündigung = E 46, 191 (202) (oben II Anm. 62), dazu die Neufassung von § 19 SchwerbehindertenG 1986 und AR I 479 ff. Die in § 1 KSchG 1951 enthaltene klare Anweisung, für die Versetzbarkeit auf die Weiterbeschäftigung „in diesem Betrieb" abzustellen, wurde schon bald mit Hilfe der Fürsorgepflicht unterlaufen, wenn eine Versetzung in einen anderen Betrieb des Unternehmens ohne weiteres möglich war (oben II Anm. 38): wiederum begreiflich, wenn man bedenkt, wie willkürlich oft die Abgrenzung zwischen Betrieb und Betriebsteil ist. – Zu anderen, auch zweifelhaften, Aushilfen, die die Kündigung vermeiden helfen sollen, AR I 483.

[120] Vgl. AR I 431, 465; der Sache nach ist damit die Kündigung beim bloß ersten (mittleren) Verstoß beseitigt.

[121] Vgl. Münchner Kommentar-Schwerdtner (2. Aufl.), Bem. 152 vor § 620 BGB.

[122] Die Praxis verfährt weitgehend bereits so: der Forschungsbericht Nr. 47 Arbeitsrecht: Kündigungspraxis und Kündigungsschutz in der Bundesrepublik Deutschland, von Falke, Höland, Rohde und Zimmermann (2 Bände 1981; Zusammenfassung in RdA 1981, 300 ff.) S. 104, 106, hat ermittelt, daß 88 % der verhaltensbedingten und 92 % der betriebsbedingten Kündigungen vom Arbeitgeber vorher begründet werden. Ohne ein solches Gespräch kann er auch nicht erfahren, ob die Kündigung durch eine Versetzung, zu der der Arbeitnehmer seine Zustimmung geben muß, abgewendet werden kann.

III. Überblick über die Rechtsprechung

Hierher gehört in erster Linie die Rechtsprechung zur *Befristung des Arbeitsvertrages*[123]. Obwohl § 620 BGB, niemals aufgehoben, von der Befristung als dem Normalfall des Arbeitsvertrages auszugehen scheint (und in einer Zeit ohne Kündigungsschutz bot die Befristung, da während der vereinbarten Zeit die ordentliche Kündigung normalerweise ausgeschlossen war, insoweit dem Arbeitnehmer auch mehr Schutz), gestattet die Rechtsprechung die Befristung nur, wenn für sie ein sachlicher Grund – etwa: Erprobung, Krankheits- oder Urlaubsvertretung u. a. – gegeben war. Sie begründet das mit der sonst drohenden Umgehung des Kündigungsschutzrechts, wendet aber, seltsam unfolgerichtig, bei Bestehen eines sachlichen Grundes die bei einem unbefristeten Arbeitsverhältnis eingreifenden Kündigungsschutznormen, etwa §§ 9 MuSchG oder 102 BetrVG, gerade nicht an. § 1 BeschFG stellt für einen Teil der Fälle § 620 wieder her, sonderbare Umkehrung des Verhältnisses von Gesetz und Richterrecht.

Eine wichtige Absicherung des Rechts am Arbeitsplatz bildet § 613a BGB[124].

Weitere Fälle: der begründete Verdacht einer schweren Verletzung der Pflichten aus dem Arbeitsvertrag ist für sich genommen schon Kündigungsgrund (Verdachtskündigung), so wenig das mit unseren Vorstellungen von der Unschuldsvermutung im allgemeinen übereinstimmt; die Interessen des Unternehmens verlangen dies zwingend, und die Fälle, in denen sich der Verdacht als begründet herausstellt, pflegen ja auch nicht vor den Richter zu kommen. Aber der Arbeitgeber kann dem Arbeitnehmer den Arbeitsplatz nur unter der Bedingung entziehen, daß er wieder eingestellt wird bzw. eine Abfindung erhält, wenn sich der Verdacht nachträglich als unbegründet herausstellt, Gedanke des milderen Mittels (oben 1b). In jedem Fall gebührt dem Arbeitnehmer auch eine Ehrenerklärung[125]. – Ist der Grund, der den Arbeitgeber zur Anfechtung des Arbeitsvertrages berechtigt, nachträglich weggefallen, so ist auch die Anfechtung nicht mehr möglich[126]. Die Praxis begründet dies mit dem Gedanken des Rechtsmißbrauchs; aber daß in der Anfechtung nach § 123 BGB während der dem Getäuschten zur Verfügung gestellten Jahresfrist des § 124 ein solcher Mißbrauch gesehen wird, ergibt sich eben aus Art. 12. – Eine weitere wichtige Absicherung des Rechts am Arbeitsplatz bringt schließlich die Verpflichtung zur Weiterbeschäftigung während des Kündigungsrechtsstreits. Der Große Senat begründet sie freilich mit Menschenwürde und Persönlichkeitswert (oben 3 a); in Wahrheit geht es jedoch in der Regel um die Sicherung des Arbeitsplatzes, die Entscheidung ist eine Korrektur des als zu eng empfundenen § 102 V BetrVG. Die auf den Großen Senat folgende Einzelrechtsprechung zur Weiterbeschäftigung ist freilich in vielen Punkten zutiefst unbefriedigend. Die Wei-

---

[123] Zahllose Rechtsprechung, Einzelheiten Kommentare zu § 620 BGB; Schaub § 39; AR I 136 ff. und zum Beschäftigungsförderungsgesetz ebda. 134 ff.

[124] Vgl. Kommentare zu § 613 a BGB; Schaub §§ 116 - 118; zahlreiches Einzelschrifttum, Nachweise AR I 390 ff.

[125] Vgl. BAG, AP Nr. 13 zu § 611 BGB Verdacht strafbarer Handlungen = E 16, 72; zur Abfindung MK-Schwerdtner, Bem. 118 zu § 626 BGB; AR I 432 f. und AcP 1964, 437.

[126] BAG, AP Nr. 17 zu § 123 BGB = E 22, 278; AR I 160.

III. Überblick über die Rechtsprechung

terbeschäftigung ist der Preis, den der Arbeitgeber dafür zahlt, daß ihm das Recht die Kündigung durch einseitige Gestaltung erlaubt und ihn nicht auf die Aufhebungsklage verweist, er sich mithin zunächst einmal selbst Recht verschaffen darf. Es geht nicht an, dem Arbeitnehmer diesen Preis durch Rückgriff auf Normen wie das Bereicherungsrecht des BGB oder die Drohung mit der Haftung aus §§ 717 II, 945 ZPO wieder aus der Hand zu winden, Normen, die (muß man das eigens betonen?) für andere Konflikte geschrieben wurden.

Keine besondere praktische Bedeutung hat die Erhebung des Rechts am Arbeitsplatz zu einem absolut geschützten Recht gem. § 823 I BGB, vergleichbar dem inzwischen gewohnheitsrechtlich anerkannten Recht des Arbeitgebers am eingerichteten und ausgeübten Gewerbebetrieb. Sie wurde insbesondere von Nipperdey mit dem Ziel gefördert, Gleichgewicht des deliktischen Schutzes gegenüber rechtswidrigem Streik und rechtswidriger Aussperrung herzustellen[127]; für den Arbeitnehmer ist die Konstruktion indessen insoweit entbehrlich, als sein Schaden im Ausfall des Lohns besteht, der Lohnanspruch aber bei rechtswidriger Aussperrung aufrechterhalten bleibt (denkbar ist freilich ein Schadensposten Zinsen bei Inanspruchnahme eines Kredits usw.). Die Folge der Anerkennung wäre auch, daß Arbeitswillige u. U. gegen Streikposten einen entsprechenden Anspruch erhielten[128].

Zum Verlust des Arbeitsplatzes im Tendenzbetrieb s. oben c, e.

(2) Art. 12 schützt den Arbeitnehmer auch vor unangemessenen Bindungen an den Arbeitsplatz. Immer schon war das der Zweck des § 624 BGB; eine Verpflichtung auf Lebenszeit, wie sie etwa Art. 1780 C. c. untersagt[129], gilt ebenfalls seit eh und je als Verstoß gegen die Menschenwürde und Freiheit der Person. Die unbeschränkte, auch auf ihre Motive nicht kontrollierbare (unten zu IV Anm. 27) Freiheit des Arbeitnehmers zur Kündigung ist Ausdruck der gleichen Überlegung.

Bindungen durch Rückzahlungsverpflichtungen wären freilich auch heute noch eine drückende Wirklichkeit, hätte die Rechtsprechung sie nicht beherzt beschnitten. So hat der Richter hier die rechte Mitte zwischen der Freiheit des Arbeitnehmers, zu gehen, und dem Interesse des Arbeitgebers an der Bindung des Arbeitnehmers an den Betrieb durch freiwillige Leistungen („goldene Fessel") gesucht[130]. Die rechte Mitte zu finden ist freilich stets mühsamer als eine Ja- oder Nein-Regel; die Rechtsprechung zur Rückzahlung von Gratifikationen u. a. geht inzwischen mit immer neuen Unterscheidungen in die Hunderte. Es wäre zu verantworten gewesen, stattdessen Rückzahlungsverpflichtungen (vorbehalten Ausbildungskosten) überhaupt für unwirksam

---

[127] Nachweise AR I 82; BAG, AP Nr. 2 zu § 70 BAT, scheint dem zuzuneigen; andererseits sagt BAG, AP Nr. 58 zu Art. 9 GG Arbeitskampf = E 30, 50 (59), es gebe kein Recht am Arbeitsplatz im Sinne eines „notwehrfähigen Gutes"; ebenso LAG Hamm 26. 3. 1981, DB 1981, 1571.

[128] So in Frankreich, Droit Ouvrier 1980, 178 ff.; dazu Lyon-Caen, D. S. 1979 Chron. 257.

[129] Über die geschichtliche Entwicklung, die zu dieser Vorschrift geführt hat, vgl. M. Alonso Olea, Von der Hörigkeit zum Arbeitsvertrag (1981).

[130] BAG, AP Nr. 22 zu § 611 BGB Gratifikation = E 13, 129; AR I 64 ff.

zu erklären. Der ganze Komplex ist für die Methodenlehre zum Paradefall richterlichen Dezisionismus geworden; der Titel einer „geglückten richterlichen Rechtsfortbildung" (Larenz) wird ihm freilich versagt.

Begrenzung auch der Rückzahlung von Ausbildungskosten[131] oder auch der Abfindung, die der Arbeitnehmer bei vorzeitiger Kündigung zu zahlen versprochen hatte[132], oder der Pauschale, die für den „Verkauf" eines Fußballspielers vereinbart wird[133], nicht dagegen bei einem Werksrabatt[134]; ähnliche Überlegungen bei den Umzugskosten[135].

Oben II 3 wurde die Verdrängung der Vertragsfreiheit durch die Grundrechte mit dem Machtgefälle zwischen Arbeitgeber und Arbeitnehmer, dem wirtschaftlichen Ungleichgewicht, begründet und von ihm abhängig gemacht. Es ist zuzugeben, daß die Beschneidung der Rückzahlungsverpflichtungen mit diesem Bild nicht übereinstimmt. Niemand zwingt den Arbeitnehmer, eine freiwillige Leistung zurückzuweisen, wenn er die Absicht hat zu gehen, und er muß wegen der Ablehnung eines solchen Angebots auch Nachteile nicht befürchten. In der Rechtsprechung steckt aber die Überlegung, daß der Arbeitnehmer vielfach auch vor sich selbst zu schützen ist – man denke nur an § 4 IV TVG oder an den Zwang, den Urlaub in natura zu nehmen –, hier also vor der Verführung, die es bedeutet, eine Zahlung jetzt und hier wegen eines möglicherweise unsicheren späteren Wechsels abzulehnen; wohl auch, daß die angebotene Leistung, mag sie eine freiwillige sein, doch durch die Arbeit in der Vergangenheit verdient wurde und nicht erst durch Betriebstreue in der Zukunft verdient werden muß. Hinzu kommt: ließe man die Verpflichtung zur Rückzahlung unter der Flagge der Vertragsfreiheit unbeschränkt zu, würde die Bindung alsbald bis zur nächsten freiwilligen Leistung unter Rückzahlungsvorbehalt ausgedehnt werden, eine einseitige Bindung ohne Ende: denn einen Monatslohn zurückzuzahlen (den der Arbeitgeber bis auf das unpfändbare Minimum ohne weiteres zurückbehalten kann) heißt normalerweise, einen Monat ohne Geld zu sein.

(3) Ein breites Feld der Ungewißheit eröffnet sich bei der Frage, wieweit der Arbeitgeber in seiner Einstellungspolitik, also bei der Auswahl seiner Mitarbeiter, frei ist, wenn er über eine größere Zahl von Arbeitsplätzen verfügt und damit, vor allem in Zeiten der Arbeitslosigkeit, eine „soziale Macht" darstellt, wie man sie sich mächtiger kaum vorstellen kann.

---

[131] Zuletzt BAG, AP Nr. 10 zu § 611 BGB Ausbildungsbeihilfe; BGH, AP Nr. 11 ebda.; LAG Frankfurt 20. 6. 1986, LAGE Nr. 1 zu § 611 BGB Ausbildungsbeihilfe; AR I 70 f.
[132] LAG Hamm 26. 8. 1988, DB 1989, 388.
[133] LAG Berlin, AP Nr. 3 zu § 611 BGB Berufssport (insoweit Nichtigkeit des Lizenzspielerstatuts des DFB).
[134] So LAG Bremen 28. 7. 1987, DB 1987, 2367.
[135] AR I 71.

III. Überblick über die Rechtsprechung

Als erstes eine überraschende Beobachtung: Rechtsprechung und Schrifttum zur Kündigung sind überwältigend. Überall in der Welt ist sie zum beherrschenden Thema geworden; dies selbst in den Vereinigten Staaten, die noch vor 10 Jahren dem Grundsatz der freien Lösbarkeit des Arbeitsverhältnisses gehuldigt hatten[136]. Wie der Arbeitnehmer jedoch zu seinem Arbeitsplatz kommt, wird kaum je erörtert. Fühlt man sich angesichts der vielen Subtilitäten, mit denen namentlich die Gerichte die einzelnen Vorschriften hegen und pflegen, im Bereich der Kündigung schon am Rande der Übersättigung – dies auch deshalb, weil es immer nur eine kleine Minderheit der Fälle ist, denen diese Fürsorge zuteil wird –, so meint man sich bei der Frage der Zuteilung der Arbeitsplätze weithin ins 19. Jahrhundert zurückversetzt. Zahllose Lehr- und Handbücher des Arbeitsrechts im In- und Ausland sprechen das Thema überhaupt nicht an[137]. Ich kenne keine einzige Entscheidung, die dem Arbeitgeber gesagt hätte: „Du suchst einen Arbeiter, hier ist ein tüchtiger Mann mit guten Zeugnissen, nimm ihn", so wie die Gerichte ihm täglich sagen: „Du darfst diesen tüchtigen Mann nicht ohne Grund wieder entlassen". Man meint, die zahllosen Beteuerungen von Wert und Bedeutung der Arbeit[138] seien in den Wind gesprochen. Das ist mehr als sonderbar.

Ausgangspunkt ist der kaum erschütterte Lehrsatz, daß der Arbeitgeber den Arbeitnehmer beliebig auswählen kann, Teil seiner Vertragsfreiheit in Gestalt der Abschlußfreiheit. Bei Einführung des § 611a BGB wurde dies vom Gesetzgeber noch einmal mit aller Deutlichkeit klargestellt[139]; für den wichtigsten Fall einer widerrechtlichen Zurückweisung des Bewerbers, der Zurückweisung wegen des Geschlechts, ist die Rechtslage mithin eindeutig[140], für die anderen Diskriminierungsfälle des Art. 3 III ist sie dagegen vollends

---

[136] S. RdA 1987, 184.

[137] Auch bei Stern findet sich das Problem nicht erörtert; dazu indessen schon Frey, BB 1963, 1139 ff.: „Ob das im Zeichen des sozialen Rechtsstaates so bleiben kann, scheint noch nicht einmal als mögliche Fragestellung erkannt zu sein". Die gleiche Überraschung drückt Blanpain, Principes du droit du travail (1984) 62 aus: „L'engagement constitue le moment de la vie le plus important dans le droit du travail et il est le moins protégé de tous". – Kein Einstellungsanspruch auch in Österreich, vgl. Landgericht für Zivilsachen Wien 20. 3. 1980, ZAS 1981, 161.

[138] Z. B. zuletzt Breuer, Handbuch des Staatsrechts VI § 147 Nr. 27; Hinweis auf die Verteilungsgerechtigkeit dort im Zusammenhang mit der Nebentätigkeit des Beamten Nr. 54. – Ein privater Einstellungsanspruch wird nur bejaht, wenn ein anderes Ergebnis „schlechterdings unvereinbar" wäre, Nr. 72 (immerhin!). Auch daß in Zeiten hoher Arbeitslosigkeit der Staat zum Tätigwerden verpflichtet sein kann, wird in Nr. 73 angedeutet.

[139] BT-Drucksache 8/3317 S. 8, 12, 15; auch das Europäische Recht verlangt bei Zurückweisung wegen des Geschlechts keine Einstellung, EuGH, AP Nr. 1 und 2 zu § 611a BGB; grundsätzliche Bejahung der Einstellungsfreiheit zuletzt bekräftigt im Zusammenhang mit § 78 a BetrVG durch BAG, AP Nr. 18 zu § 78 a BetrVG 1972; AR I 38 ff.

[140] Zu den Versuchen, diese unbefriedigende Rechtslage contra legem über eine Verletzung des Persönlichkeitsrechts zu bereinigen, s. oben Anm. 67.

unklar geworden. Vor Verabschiedung des § 611a BGB 1980 hatte eine verbreitete Meinung im Schrifttum über § 823 II BGB einen Einstellungsanspruch gewährt, wenn der Arbeitgeber eine starke Stellung, eine Art Monopol bei der Vergabe von Arbeitsplätzen besaß; und in der Tat ist die Vorstellung, ein Unternehmen wie Volkswagen oder Hoechst könnte einen Schlosser mit guten Zeugnissen deshalb zurückweisen, weil er zu den Zeugen Jehovas gehört, verwegen[141]. Solche Fälle hat es nach 1945 auch nicht gegeben. Ob dies auch heute noch so gilt oder ob § 611a BGB nunmehr entsprechend heranzuziehen ist, wird unterschiedlich beantwortet[142]. Unbestritten ist lediglich, daß bei Zurückweisung eines Bewerbers wegen seiner Zugehörigkeit (oder Nicht-Zugehörigkeit) zu einer Gewerkschaft Einstellung verlangt werden kann. Art. 9 III S. 2 (unten V 2 d) ist insoweit ein Schutzgesetz, § 823 II BGB, bei dessen Verletzung Schadenersatz geschuldet wird, der in der Einstellung besteht.

Kaum je werden indessen die Fälle erörtert, daß der Arbeitgeber einen Bewerber nicht aus einem der in § 75 BetrVG, Art. 3 III untersagten Gründe, sondern überhaupt ohne jeden Grund, willkürlich, zurückweist: etwa, weil ihm die Frisur nicht gefällt oder wegen angewachsener Ohrläppchen oder weil der Bewerber aus zerrütteten Familienverhältnissen stammt, auch wenn er die besseren Zeugnisse hat und eine Familie ernähren muß. Die h. M. weist die Vorstellung zurück, Überlegungen der sozialen Auswahl, wie sie bei der Kündigung vorgeschrieben sind, auch bei der Auswahl der Bewerber anzustellen: daß eine alleinstehende Frau mit Kind den Arbeitsplatz nötiger braucht als die Gattin eines Oberlandesgerichtsrats, die sich nur zu Hause langweilt. Im Gegenteil: es gilt als sachliche Überlegung, daß Frauen mit Kindern erfahrungsgemäß häufiger fehlen und man deshalb besser die Gattin einstellt. Dieser Aspekt der Vertragsfreiheit begünstigt die jüngeren und tüchtigeren (oder tüchtiger scheinenden) Arbeitnehmer, er benachteiligt vor allem die Älteren, sozial Benachteiligten und längerfristig Arbeitslosen (vgl. auch oben II Anm. 64).

Das geltende Recht enthält freilich eine Reihe von Ansätzen, die mit der Auswahlfreiheit des Arbeitgebers erkennbar unvereinbar sind.

Eine Einstellungspolitik unter Verletzung von § 75 BetrVG wird dort unterbunden, wo Auswahlrichtlinien, § 95 BetrVG, bestehen, die solche Unterscheidungen nicht dul-

---

[141] Selbstverständlich ist dies um so mehr der öffentlichen Hand verboten, dazu Stern III/1, 1409. – Auch der Kirche? Kann die Einstellung eines Türken in ein kirchliches Krankenhaus wegen seines islamischen Glaubens verweigert werden? Man möchte die Frage nicht stellen müssen, würden die kirchlichen Regelungen der Mitarbeitervertretungen nicht unbeanstandet vorsehen, daß wählbar ist, wer einer christlichen Konfession angehört. Daß dies durch Art. 140 nicht mehr gedeckt, die Gleichbehandlung aller Arbeitnehmer bei der Wählbarkeit zur Mitarbeitervertretung vielmehr zum staatlichen „ordre public" gehört, sollte nicht betont werden müssen; anders dennoch die h. M.

[142] AR I 82 ff.

III. Überblick über die Rechtsprechung

den (und man kann auch annehmen, daß sie nichtige Unterscheidungen wie nach der Fähigkeit zum Fußballspiel bei einem Schlosser nicht enthalten werden). – § 78 a BetrVG verpflichtet den Arbeitgeber zur Übernahme eines ausgebildeten Amtsträgers aus Jugend- und Auszubildendenvertretung oder Betriebsrat, es sei denn, er habe einen triftigen Grund, dies nicht zu tun; in Weiterführung dieses Ansatzes hat das BAG vor kurzem auch entschieden, daß der Arbeitgeber die Übernahme eines Ausgebildeten ganz allgemein nur aus triftigem Grund ablehnen kann[143], und damit ist auch der Grundsatz durchbrochen, daß dem Arbeitgeber auf jeden Fall die sog. „negative Auswahlfreiheit" verbleibt, ihm also gegen seinen Willen ein Bewerber nicht aufgezwungen werden kann[144]. – In anderem Zusammenhang vergleicht das BAG den Mangel an Arbeitsplätzen mit dem Mangel an Hochschulplätzen und erinnert an die Notwendigkeit der Verteilung „nach sachgerechten Kriterien"[145].

Der wichtigste Anhaltspunkt für die Ausschaltung der Willkürfreiheit des Arbeitgebers bei der Einstellung ist jedoch die Rechtsprechung zur Beschränkung seines Fragerechts. Hat der Bewerber eine Frage wissentlich unrichtig beantwortet, so ist dem Arbeitgeber dennoch die Anfechtung versagt, wenn die Frage zum in Aussicht genommenen Arbeitsplatz keinen Bezug hatte oder sonstwie, etwa wegen Verletzung der Intimsphäre, rechtswidrig war.

An der Frage nach Vorstrafen läßt sich das gut verdeutlichen. Der Arbeitgeber kann den Kraftfahrer nach Verkehrsdelikten, den Kassierer nach Vermögensdelikten und den Lehrer nach Sittlichkeitsdelikten fragen, nicht aber jeden nach allem: so lautete der Grundsatz, der in der Rechtsprechung bis zum Inkrafttreten des Bundeszentralregistergesetzes 1972 entwickelt worden war[146]; nunmehr gilt dieses Gesetz mit abweichenden Bestimmungen, aber ähnliche Überlegungen werden auch bei der Frage nach Krankheiten angestellt. Die Frage nach Gewerkschaftszugehörigkeit oder Religion, zu ihr Art. 136 III WV, 140 GG in entsprechender Anwendung (oben III c), ist schlechthin unzulässig.

Mit der Auswahlfreiheit ist diese Rechtsprechung unvereinbar. Der Arbeitgeber kann seinen Willen, mit einem Bewerber, der die gefragte Eigenschaft aufweist, nicht abzuschließen, nicht stärker als durch die Frage und die spätere Anfechtung kundtun. Dennoch bleibt es bei dem einmal geschlossenen Arbeitsvertrag. Hatte der Arbeitnehmer dagegen wahrheitsgemäß geantwortet und deshalb den Arbeitsplatz nicht erhalten, kann er nichts verlangen. Der Widerspruch ist offensichtlich[147].

---

[143] BAG, AP Nr. 2 zu § 17 BBiG; in AP Nr. 2 zu § 1 TVG Ausbildungsverhältnis = E 55, 246 (254) heißt es bei einem alkoholabhängigen Bewerber: „Die Beklagte durfte vielmehr von der Übernahme des Anwärters ... absehen".

[144] Den Schritt von § 78 a zur Verpflichtung des Arbeitgebers, den Amtsträger, wenn dagegen keine triftige Gründe sprechen, zu übernehmen, dessen befristeter Arbeitsvertrag abgelaufen ist, hat die Rechtsprechung noch nicht vollzogen.

[145] AP Nr. 1 zu § 1 TVG Tarifverträge: Druckindustrie = E 44, 141 (152).

[146] BAG, AP Nr. 2 zu § 123 BGB = E 5, 159 (Sekretärin einer Bausparkasse, Verschweigen einer Vorstrafe wegen Betätigung für die verbotene FDJ), ein „Recht zur Lüge", das in gewissem Sinn der Unzulässigkeit des Zwangs zur Selbstbezichtigung vergleichbar ist, dazu BVerfGE 56, 37 (42).

Der h. M. zur Einstellungsfreiheit des Arbeitgebers stehen mithin alle theoretischen Einwände entgegen; alle praktischen Überlegungen sprechen für sie. Theoretisch ist es schon sonderbar, daß sich bei der Einstellungsfreiheit ein Bereich unkontrollierter Vertragsfreiheit erhalten haben soll, die sonst überall zugunsten einer Bändigung der wirtschaftlichen Übermacht des Arbeitgebers abgebaut wurde. Damit wird gewissermaßen ein Grundrecht auf Willkür ausgerechnet in dem Bereich behauptet, in dem die Existenzchancen der großen Mehrheit des Volkes vergeben werden. In einer Zeit der Vollbeschäftigung mag das Problem ohne große Bedeutung gewesen sein; in einer Zeit der Arbeitslosigkeit ist diese Vorstellung anstößig. So scheint der Schluß zwingend, daß der Arbeitgeber, der über eine größere Zahl von Arbeitsplätzen verfügt, zu einer willkürfreien Einstellungspolitik verpflichtet ist. Er genießt den Schutz des Staates für Betrieb und Unternehmen (oben II 3 a) und ist deshalb, nicht anders als die Sozialpartner, insoweit auch Treuhänder der Allgemeinheit bei der Verwaltung des hohen Gutes Arbeitsplatz[148].

Selbstverständlich gilt das nicht für den Kleinbetrieb, also den kleinen Handwerksmeister oder den Rechtsanwalt; wo man die Grenze ziehen soll, bedürfte der Überlegung, ein Anhaltspunkt ist § 99 BetrVG, der die Mitbestimmung des Betriebsrats bei der Einstellung bei 21 Arbeitnehmern beginnen läßt. Auch höhere Mindestgrenzen sind denkbar. Die Beschränkung der Auswahl ist auch gegenüber Angestellten in Vertrauensstellungen nicht vorzuschlagen[149] (das Gros der Langzeit-Arbeitslosen besteht indessen aus ungelernten Arbeitern). Die Kriterien einer sachlichen Auswahl festzulegen, wäre in erster Linie Sache der Tarifpartner; sie könnten dabei eine Art Punktsystem aufstellen, wie dies in Einstellungsrichtlinien ohnehin schon geschieht. Der Gesetzgeber nähert sich dem Problem zur Zeit mit einer Ermunterung zur Einstellung längerfristig Arbeitsloser durch entsprechende Zuschüsse der Bundesanstalt für Arbeit; es ist zu hoffen, daß diese ersten Pläne auch Gestalt gewinnen. Eine radikale Lösung wäre die Verteilung der Arbeitsplätze durch das Arbeitsamt. Es könnte die Arbeitsuchenden in die freien Plätze einweisen und dabei den Bewerber berücksichtigen, dem der Platz an erster Stelle gebührt, weil er, bei ausreichend vergleichbarer Qualifikation, am längsten wartet oder am bedürftigsten ist; nicht anders, wie uns die soziale Auswahl bei der Kündigung selbstverständlich geworden ist. Alle nötige Rücksicht auf die Eigenheiten des Klein- und Mittelbetriebes und die Arbeitnehmer in Vertrauens-

---

[147] AR I 119 ff. Die bisherigen dogmatischen Versuche, diesen Widerspruch aufzulösen, verdienen keine Gefolgschaft; namentlich gilt das für die Qualifikation der unzulässigen Frage als Verletzung des Persönlichkeitsrechts, so etwa Degener, Das Fragerecht des Arbeitgebers gegenüber Bewerbern (1975). Schutzgegenstand ist der Anspruch auf Teilhabe an den Arbeitsplätzen.

[148] Vgl. AcP 1964, 417. Dürig, Festschrift Nawiasky 167, spricht von „sozialgebundener Freiheit"; ähnlich auch Conrad (oben II Anm. 67) 80 und Badura, Festschrift Berber (1973) 22. Reuter, SAE 1983, 202, nennt den Arbeitgeber (in anderem Zusammenhang) ein „pflichtgebundenes Organ" des Betriebs. – Lecheler (oben I Anm. 6) 55 Anm. 24 hält das für falsch und erinnert den Leser im gleichen Atemzug an den „Treuhänder der Arbeit" des AOG. Mit der Keule des NS-Regimes eine mißliebige Meinung erschlagen zu wollen, ist eine schlimme Verirrung in einer sonst gesitteten Aussprache!

[149] Vgl. Reuter, RdA 1978, 344 ff. (348), der diese Ausnahme zum Angelpunkt seiner Argumentation macht.

III. Überblick über die Rechtsprechung

stellungen könnte dabei genommen werden. Ein solches System befolgt Italien seit 1949. Die italienischen Forscher müßten uns dazu sagen, ob es sich bewährt hat; skeptische Äußerungen fehlen nicht, auch sind wir gegenwärtig Zeuge eines Abbaus des Systems[150], und so wird man das Heil von der Neuerrichtung einer staatlichen Bürokratie oder ihrer Ausweitung kaum erwarten können. Ein System wie das italienische hilft auch um so weniger, je vielfältiger die Anforderungen an die Fähigkeiten und Kenntnisse der Bewerber um den Arbeitsplatz sind, die verläßlich doch nur von den Verantwortlichen an Ort und Stelle im Betrieb beurteilt werden können; Leuten, denen die Verantwortung hierfür auch nicht abgenommen werden darf. – Bei all dem soll der Hinweis nicht fehlen, daß es hier nur um die Verteilung vorhandener Arbeitsplätze geht. Zur Schaffung neuer Arbeitsplätze kann den Arbeitgeber, wenn überhaupt, allenfalls ein Gesetz verpflichten[151].

Die Kommission zur Schaffung eines Arbeitsgesetzbuchs hat in Art. 3 ihres Entwurfs angeregt: „Bei der Einstellung . . . darf der Arbeitgeber den Bewerber nur aus sachbezogenen, den zu besetzenden Arbeitsplatz betreffenden Gründen abweisen"[152]; Häberle erörtert den Vorschlag der Staatsziele-Kommission, Art. 12 um den Satz: „Staat und Gesellschaft tragen Verantwortung für Arbeit und Ausbildung" zu erweitern. „Diese Verantwortung zur gesamten Hand auch der Gesellschaft (!) soll zum Ausdruck bringen, daß Arbeit als Verfassungsproblem Bereich und Kompetenz des (Verfassungs)-Staates weit übersteigt und im Grunde Sache aller in der offenen Gesellschaft ist: der Sozialpartner und weiterer Gruppen der Öffentlichkeit, der Wissenschaft und der Bürger unseres Grundgesetzes"[153] und, so muß man hinzufügen, in erster Linie wohl derjenigen, die über die Arbeitsplätze verfügen. Auch die Vorstellung von den Grundrechten als Teilhaberechte führt in diese Richtung. Wird dem Staat die gerechte Verteilung der Ausbildungsplätze zur Pflicht gemacht[154], so liegt eine entsprechende Verpflichtung des privaten Arbeitgebers zur gleichmäßigen Vergabe der Arbeitsplätze nicht fern. Zum gleichen Ergebnis führt die Auffassung der Grundrechte als Schutzaufträge an den Gesetzgeber (unten IV 5): wo, wenn nicht hier, wäre ein solcher Auftrag gefordert?

Eine Einbruchstelle des Einstellungsanspruchs bildet heute schon Art. 33 II GG[155]. Diese Vorschrift gewährleistet jedem Deutschen nach Eignung, Befähigung und fachlicher Leistung gleichen Zugang zu jedem öffentlichen Amt;

---

[150] Vgl. Ghidini, Diritto del lavoro (9. Aufl. 1989) 248 ff.; Giugni, Comparative Labor Law Journal 1987, 309 ff. (324).

[151] Deshalb braucht auf die allgemeinen Bedenken gegen die Ausweitung der Grundrechte zu Teilhaberechten mit entsprechenden Ansprüchen gegen den Staat hier nicht eingegangen zu werden; dazu vgl. Starck, JuS 1981, 241.

[152] Ähnlich Badura, Festschrift Berber (1973) 22; Wiedemann, Festschrift Herschel (1982) 463 ff., zögernd indessen ders., Das Arbeitsverhältnis als Austausch- und als Gemeinschaftsverhältnis (1966) 97 f.; ein schutzwürdiges Interesse des Arbeitgebers an willkürlicher Bewerberauswahl verneint Wank, Das Recht auf Arbeit im Verfassungsrecht und Arbeitsrecht (1980) 105.

[153] Häberle, JZ 1984, 354.

[154] BVerfGE 33, 303 (330), dazu Stern III/1, 982; Tettinger, AöR 1983, 93 ff. (126); Jaraß, AöR 1985, 363 ff. (385); zur Überführung der Freiheitsrechte in die soziale Wirklichkeit durch Ausgestaltung der Rechtsordnung im allg. vgl. vor allem Häberle, Die Wesensgehaltgarantie des Art. 19 Abs. 2 GG (3. Aufl. 1983) 126 ff., dazu Bleckmann 232; ablehnend indessen Rupp, AöR 1976, 161 ff. (179 ff.).

[155] Vgl. Kommentare zu Art. 33; AR I 85 f.

sie ist insoweit lex specialis zu Art. 12[156]. Aus ihr folgt der Anspruch des Bewerbers im öffentlichen Dienst (nicht nur des Beamten), daß die Behörde ihm gegenüber ihr Ermessen bei der Einstellung fehlerfrei, d. h. sachgerecht und nicht diskriminierend, ausübt. Daraus kann, wenn jede andere Entscheidung rechtswidrig oder ermessensfehlerhaft wäre, ein Anspruch auf Einstellung auf einen bestimmten Arbeitsplatz (etwa: als Lehrer an dieser Schule) erwachsen. Voraussetzung ist die Eignung des Bewerbers. Zur Eignung gehört auch die Gewähr der für die Erfüllung der Dienstaufgaben erforderlichen Treue zur Verfassung; hierbei wird bei Lehrern zwischen den Anforderungen an einen Beamten und einen Angestellten ein Unterschied nicht gemacht. Die Behörde besitzt bei der Beurteilung einen gewissen Beurteilungsspielraum, sie muß jedoch dem Bewerber rechtliches Gehör gewähren und ihm Gelegenheit geben, Zweifel an seiner Eignung auszuräumen.

Daraus ist in den letzten zwanzig Jahren eine umfangreiche Rechtsprechung von BAG und BVerwG erwachsen. Sie betraf fast ausnahmslos Lehrer und Erzieher und ihre Betätigung in verfassungsfeindlichen Parteien[157]. Daß der bisher einzige konkrete Fall, daß ein Einstellungsanspruch anerkannt wird, die Einschleusung von Kräften in den Staatsdienst ist, die die freiheitlich-demokratische Grundordnung erklärtermaßen zu sprengen sich vornehmen, wird späteren Geschichtsschreibern freilich einmal ebenso unverständlich sein wie uns heute die Verfallserscheinungen der Weimarer Demokratie[158]. „Der Vorwurf, Berufsverbote zu praktizieren" (vom Bewerber gegen den Hamburger Senat erhoben) „ist als politisches Reizwort völlig fehl am Platz": so mit Recht BAG, AP Nr. 8 zu Art. 33 II GG. Diese „Berufsverbote" sind dennoch zum Gegenstand mehrerer Beschwerden des kommunistisch beherrschten Weltgewerkschaftsbundes bei der IAO gemacht worden; es wurde Verletzung des Abkommens Nr. 111 gerügt, das die Benachteiligung wegen der politischen Überzeugung verbietet. In diesem Verfahren hat sich die Bundesregierung bis zur Selbstverleugnung mitarbeitsbereit gezeigt[159].

Praktische Schwierigkeiten sprechen freilich ebenso stark gegen die Bejahung eines Einstellungsanspruchs. Sie sind überwindbar, wenn ein Bewerber diskriminiert wurde und der Arbeitsplatz nach wie vor ausgeschrieben ist.

---
[156] BVerfGE 39, 334 (369).
[157] Nachweise AR I 86; zuletzt LAG Hamm 13. 10. 1988, NZA 1989, 276.
[158] Vgl. etwa die Bejahung des Einstellungsanspruchs in BAG, AP Nr. 16 zu Art. 33 II GG = E 36, 344 (geminderte Treuepflicht bei Lehramtsanwärtern), oder die Vorstellung in LAG Bremen 17. 12. 1982, NJW 1983, 1814, daß die bloße Loyalitätserklärung eines Mitgliedes der DKP Zweifel an seiner Verfassungstreue beseitigt. In AP Nr. 26 aaO = E 53, 137 verurteilt das BAG das Land Baden-Württemberg dazu, für ein „überzeugtes" Mitglied von DKP und MSB Spartakus ein bislang gesetzlich nicht vorgesehenes „privates" Ausbildungsverhältnis zur Vorbereitung in den Fächern Politik und Deutsch zu begründen; vgl. auch AP Nr. 27 ebda = E 54, 340. In AP Nr. 23 ebda. = E 51, 246 spricht das Gericht schon im Leitsatz von einem „Einstellungsanspruch". Es wundert nicht, daß 1977 von rund 78 000 Bewerbern um Einstellung in den öffentlichen Dienst einer, 1980 bis 1984 niemand mehr aus diesem Grund zurückgewiesen wurde, RdA 1986, 46.
[159] Vgl. Haase, BArbBl 1986/5, S. 21 ff., und Empfehlung des Kontrollausschusses der IAO (1987), dazu RdA 1987, 283.

III. Überblick über die Rechtsprechung

Schon hier soll freilich nicht übersehen werden, daß der Arbeitgeber Gefahr läuft, von jedem auch zu Recht abgewiesenen Bewerber mit einem Prozeß überzogen zu werden, eine Entwicklung, die im Bereich des § 611a BGB auf uns zukommt.

Wurde der Arbeitsplatz jedoch inzwischen besetzt, so würde der neu eingestellte Arbeitnehmer verdrängt, wenn der zu Unrecht Abgewiesene den Einstellungsprozeß gewinnt.

Eine Parallele hierzu in § 100 BetrVG. Die Vorschrift findet, wohl nicht zufällig, in der Praxis wenig Anwendung.

Die Schwierigkeiten vervielfachen sich, wenn mehrere Arbeitnehmer aus demselben unzulässigen Grund abgewiesen wurden. Wie der Richter zwischen ihnen, wenn sie alle klagen, eine Auswahl treffen soll, ist schwer zu sehen[160]. Der naheliegende Ausweg, den Arbeitgeber zum Schadenersatz in Geld zu verurteilen, hätte zur Folge, daß sich alsbald Scheinbewerber in großer Zahl zusammenfinden würden, denen es nur um das Geld geht.

Kein Einwand ist jedoch die Mitbestimmung des Betriebsrats; er könnte am Einstellungsprozeß beteiligt werden[161].

Aus all dem dürfte eines folgen: der Arbeitgeber ist verpflichtet, seine Auswahl nur nach pflichtgemäßem Ermessen zu treffen; er darf einen Bewerber weder aus einem verbotenen noch aus einem nichtigen Grund (das berühmte „Nasenargument": „seine Nase gefällt mir nicht") zurückweisen. Die dem Arbeitgeber durch Art. 2 und 12 zugewiesene Freiheit reicht nicht weiter als bei Weisungsrecht und Kündigung. Aber diese Pflicht ist, bevor der Gesetzgeber gesprochen hat oder die Tarifpartner sich des Themas angenommen haben, gerichtlich nicht durchsetzbar. Es handelt sich um eine „unfertig verfaßte Gewährleistung".

---

[160] In ihrem beherzten Kampf gegen die Unterscheidungen nach Rasse und Geschlecht schreckt die amerikanische Rechtsprechung vor diesen Schwierigkeiten nicht zurück. In *Teamsters v. United States*, 431 US 324, ging es um die Zurücksetzung farbiger Kraftfahrer bei der Zuteilung von Beförderungsplätzen, die jedoch mit anderen Nachteilen verbunden waren. Der Oberste Gerichtshof verwies zurück. Das Zitat ist es wert, im Wortlaut gebracht zu werden: „The task remaining for the District Court ... will not be a simple one. Initially, the court will have to make a substantial number of individual determinations in deciding which of the minority employees were actual victims of the company's discriminatory practices. After the victims have been identified, the court must, as nearly as possible, recreate the conditions and relationships that would have been had there been no unlawful discrimination ... This process of recreating the past will necessarily involve a degree of approximation and imprecision. Because the class of victims may include some who did not apply for line-driver jobs as well as those who did, and because more than one minority employee may have been denied each line-driver vacancy, the court will be required to balance the equities of each minority employee's situation in allocating the limited number of vacancies that were discriminatorily refused to class members. Moreover, after the victims have been identified and their rightful place determined, the District Court will again be faced with the delicate task of adjusting the remedial interests of discriminatees and the legitimate expectations of other employees innocent of any wrongdoing ..."
[161] BAG, AP Nr. 9 zu Art. 33 II GG = E 34, 1.

(4) Art. 12 schützt den Arbeitnehmer schließlich vor erzwungenem Müßiggang. Ein Beispiel ist die Auslegung von § 60 HGB (oben II 2 d).

g) Auch der Grundgedanke des Art. 14 findet sich in mannigfacher Weise wieder, vor allem beim Schutz vor der Entziehung von Anwartschaften aus früherer, unwiederbringlich hingegebener und nicht wiederholbarer Berufsarbeit. Dem steht in der Regel (aber nicht stets) das Interesse an der Erhaltung des Betriebes entgegen, die die volle Aufrechterhaltung der Ansprüche, meist der versprochenen Ruhegelder, nicht erlaubt. Das Vertrauen auf die Anwartschaft ist damit gegen die vermögensrechtlichen Interessen des Arbeitgebers und die Belange der anderen Arbeitnehmer abzuwägen, die ihren Arbeitsplatz bedroht sehen[162]. Die Lösung kann auch hier nur in der Mitte liegen.

Die Rechtsprechung hat die Arbeitnehmer zuweilen zum Verzicht auf eine zusätzliche Leistung wie das Weihnachtsgeld genötigt, wenn dadurch der Betrieb gerettet oder zumindest eine ordnungsgemäße Abwicklung gewährleistet werden konnte[163]. Die eigentliche Bewährungsprobe der Solidarität wäre freilich der Verzicht auf Arbeitszeit ohne Lohnausgleich, wie seinerzeit von keinem geringeren als Oswald von Nell-Breuning eingefordert; daran wagt sich indessen niemand heran. Es wäre das eine Aufgabe, zu der sich Staat, Parteien und Verbände zusammenfinden müßten. Eine Gewerkschaft allein, und sei sie so stark wie die IG Metall, kann das nicht durchsetzen wollen, wie sollte sie ihre Mitglieder zu einem Arbeitskampf aufrufen, an dessen Ende eine Lohneinbuße stünde! – Im Bereich des Widerrufs betrieblicher Ruhegelder hat die Rechtsprechung des 3. Senats des BAG die „praktische Konkordanz" in einem wahren Filigranwerk von Abstufungen und Unterscheidungen gesucht[164].

Auf der anderen Seite ist Art. 14, im Zusammenhang mit Art. 12, das Widerlager, auf das sich der Arbeitgeber stützt (oben II 1). Ihm werden auch durch rückwirkende Gesetze oder Tarifnormen oder nachträgliche Änderungen der Rechtsprechung vielfach Lasten aufgebürdet, die er so nicht voraussehen konnte; seine Berufung auf den Rechtsstaatsgrundsatz hat freilich bisher selten Gehör gefunden[165].

---

[162] Zu Art. 14 als „Fortsetzung", „Nachwirkung" des Schutzes aus Art. 12 Häberle, JZ 1984, 351 Anm. 43, 352.

[163] Vgl. BAG, AP Nr. 52 zu § 611 BGB Gratifikation, dazu Gamillscheg, Festschrift Fechner (1973) 138 ff. und AR I 221 f.; nachdenklich auch Westermann, AcP 1978, 150 ff. (161 f.). – Zur Bedeutung der Grundrechte für das Verhältnis der Menschen zueinander, das „Zusammenwirken mit den Grundrechten aller ... im gesamtgesellschaftlichen Wirkungszusammenhang" s. auch Rupp, Handbuch des Staatsrechts I § 28 Nr. 35.

[164] Einzelheiten AR I 333 ff. – Die vom Großen Senat in AP Nr. 17 zu § 77 BetrVG 1972 = E 53, 42, bevorzugte Lösung, auf die Erkennbarkeit der späteren Verschlechterung durch den Arbeitnehmer und die anderwärtige Einbringung der ersparten Gelder abzustellen, fügt sich in dieses in langer Rechtsprechung sorgfältig entwickelte System nicht ein. Der GS unterwirft sich allzusehr der im Grunde müßigen Frage nach der Natur des Anspruchs aus einer vertraglichen Einheitsregelung, die Brauchbarkeit dieser neuen Sicht der Dinge ist mehr als zweifelhaft, dazu Gamillscheg, JbAR 1987, 49 ff.

III. Überblick über die Rechtsprechung

Im Grunde wirft jede Änderung der Rechtsprechung, sie sind nicht selten[166], mit der damit verbundenen Rückwirkung die Frage der Rechtsstaatlichkeit auf[167], sie sind indessen unvermeidbar. Die Praxis behilft sich zuweilen mit Ankündigungen einer bevorstehenden Änderung und Übergangsregelungen (vom BAG „intertemporales Richterrecht" genannt)[168].

h) Auch der *Sozialstaatsgrundsatz*[169], Art. 20, 28, spielt in der Argumentation eine große Rolle. Er zählt zu den verfassungsrechtlichen Grundnormen höchsten Ranges, eine Änderung des GG, durch die die in ihm niedergelegten Grundsätze „berührt werden", ist sogar ausgeschlossen, Art. 79 III. Daraus folgt, daß eine früher vereinzelt geäußerte Ansicht, es handele sich bei der Sozialstaatsklausel um einen „substanzlosen Blankettbegriff"[170], unzutreffend ist. Ihr konkreter Inhalt ist jedoch schwer auszumachen. Er wird von der Rechtsprechung schrittweise konkretisiert: In erster Linie ist die Verpflichtung auf den sozialen Rechtsstaat ein Auftrag an den Gesetzgeber zur Herstellung eines sozial ausgewogenen und gerechten Zustandes des Gemeinwesens, der „Herstellung erträglicher Lebensbedingungen"[171]; dazu gehört in unserem Zusammenhang der Erlaß arbeitsrechtlicher Schutzgesetze im weitesten Sinn des Wortes (zur Abgrenzung der Zuständigkeit gegenüber den Tarifpartner s. unten V 2 c), wobei andere Grundrechte wie etwa Art. 12 in die gleiche Richtung weisen. Umgekehrt ist der Gesetzgeber gehindert, bewährte Einrichtungen des sozialen Schutzes (Arbeitsschutz, Sozialversicherung usw.) ersatzlos abzubauen; eine Verschlechterung von Einzelheiten liegt dagegen in seinem Ermessen[172].

---

[165] Vgl. etwa BVerfG, AP Nr. 50 zu Art. 9 GG = E 38, 386 (nachträgliches Verbot der lösenden Aussperrung).

[166] Die Bände BAGE 47-54 enthalten in ihren Leitsätzen bei 315 Entscheidungen 18 Aufgaben einer früheren Rechtsprechung und sechs Abweichungen, Abgrenzungen und teilweise Aufgaben.

[167] Vgl. zum Entzug der Widerruflichkeit einer Pensionszusage durch die Rechtsprechung des BAG BVerfG, AP Nr. 2 zu § 1 BetrAVG Unterstützungskassen = E 65, 196, und AR I 336; im allg. Stern I 831 ff.; Maurer, Handbuch des Staatsrechts III § 60 Nr. 100 ff. (107); Blomeyer, Festschrift Molitor (1988) 41 ff.; AR I 202 ff. – Daß bei einer Änderung der Rechtsprechung der Große Senat nicht angerufen wurde, bildet für sich genommen keinen Verstoß gegen Art. 101 I 2, wenn der nunmehr zuständige Senat entschieden hatte, so BVerfG 16. 6. 1986, NZA 1987, 206.

[168] AR I 202 ff.

[169] Vgl. Kommentare zu Art. 20, 28; Fechner, Freiheit und Zwang im sozialen Rechtsstaat (1953); Schreiber, Das Sozialstaatsprinzip des Grundgesetzes in der Praxis der Rechtsprechung (1972); Stern I (2. Aufl. 1984) § 21 und ders., JuS 1985, 329 ff.; Leisner von Stebut, Das soziale Schutz als Regelungsproblem des Vertragsrechts (1982); Zacher, Handbuch des Staatsrechts I § 25; AR I 77 ff. mit Nachweisen.

[170] Forsthoff, Festschrift Carl Schmitt (1959) 49, spricht von einem „Adjektiv dubiosen Wesensgehalts"; gegen die These von der Inhaltslosigkeit des Begriffs indessen Stern I 886 f.

[171] BVerfG 1, 97 (105).

[172] Schlenker, Soziales Rückschrittsverbot und Grundgesetz (1986).

So ist die Außerkraftsetzung der Rechtsprechung des BAG zum befristeten Arbeitsvertrag durch das Beschäftigungsförderungsgesetz entgegen mehrfach geäußerter Befürchtungen kein Verstoß gegen den Sozialstaatsgrundsatz und nicht deshalb verfassungswidrig.

Der Sozialstaatsgrundsatz gibt der Rechtsordnung „eine bestimmte Tönung"[173]; wie jedoch die Gesetze inhaltlich auszusehen haben, d. h. die Gestalt der Gesellschaftsordnung im einzelnen (etwa im Bereich der Mitbestimmung), läßt sich aus ihm dagegen unmittelbar nicht ablesen. Versuche, den Gesetzgeber insoweit konkret zu verpflichten, haben keine Gefolgschaft gefunden.

Des weiteren wird der Sozialstaatsgedanke (ähnlich der Fürsorgepflicht oder dem sozialen Schutzprinzip u. a.) zur Auslegung zweifelhafter arbeitsrechtlicher Normen herangezogen[174]. Zahlreichen richterlichen Weiterbildungen des Rechts dient er als Begründung.

Sogar die Drittwirkung der Grundrechte selbst galt dem BAG als Folge der Verpflichtung auf den Sozialstaat[175]; umgekehrt wurde das Prinzip in den Entscheidungen zur Verfassungsmäßigkeit des Hausarbeitstagsrechts gegen eine starre Anwendung des Gleichheitssatzes ins Feld geführt[176].

Heikel und umstritten ist die Frage, wieweit der Sozialstaatsgrundsatz auch eine eigenständige Anspruchsgrundlage zu sein vermag. Sie wird überwiegend verneint[177]. Vorsicht ist auf jeden Fall geboten. Die Formel ist zu unbestimmt, um das sozial Wünschenswerte vom rechtlich Gebotenen zu unterscheiden; der einzelne Arbeitsrichter kann nicht auf diese Weise seine eigene Sozialpolitik treiben wollen[178].

„Sozialstaat heißt mehr als Sozialfürsorgestaat, aber weniger als totaler Wohlfahrtsstaat"; er „ist weder eine Zauberkiste noch eine Schatzkammer, aus der man nimmt, was man gerade wünscht – gelegentlich sogar unter Umgehung des Gesetzgebers"[179].

Andererseits ist nicht nur die Grenze zwischen sozialstaatlicher Auslegung einer Norm und rechtsfortbildender Zuerkennung eines Anspruchs in einer weiten Grauzone nicht zu ziehen; es ist auch grundsätzlich zu fragen, ob im Bereich des existentiellen Schutzes der Arbeitnehmer (Gefahrenschutz, Mutterschutz, Jugendschutz usw.) ins Gewicht fallende Lücken geduldet werden dürfen.

---

[173] Stern I 911.
[174] Vgl. etwa BAG, AP Nr. 3 zu § 10 MuschG = E 14, 304 (310) (Lücke im Mutterschutz); Nr. 1 zu § 2 ArbKG = E 8, 1 (10) (– bei der Lohnfortzahlung).
[175] AP Nr. 2 zu § 13 KSchG = E 1, 185 (193).
[176] So BAG, AP Nr. 1 zu Art. 3 GG = E 1, 51.
[177] Vgl. Stern I (2. Aufl. 1984) 916.
[178] Stern aaO 912.
[179] Stern aaO 911.

III. Überblick über die Rechtsprechung

So hat das BAG[180] den Urlaubsanspruch aus dem Sozialstaatsgrundsatz (aber auch aus der Fürsorgepflicht und unter Hinweis auf seine gewohnheitsrechtliche Verankerung) abgeleitet; die Pflicht des Arbeitgebers zur Aufwertung betrieblicher Ruhegelder und die Unverfallbarkeit von Anwartschaften wurden ebenfalls darauf gestützt: „Es liegt deshalb eine Regelungslücke im Bereich der arbeitsrechtlichen Schutzgesetzgebung vor. Diese Lücke zu schließen ist wegen der gegebenen Rechtsnot Aufgabe und Pflicht der Gerichte im Rahmen der ihnen obliegenden Rechtsfortbildung"[181]. Sozialstaatsgedanke und Schutz der Mutter nach Art. 6 IV haben das Gericht veranlaßt, der ausgesperrten Mutter einen Wiedereinstellungsanspruch zuzuerkennen[182].

Als Gegenbeispiel dienen die freien Mitarbeiter, zu denen das BAG[183] sagt, es widerspreche nicht dem Gebot einer sozialstaatlichen Ordnung, „wenn echte freie Mitarbeiter nicht dem arbeitsrechtlichen Schutz unterstehen". Auch das Bundesverfassungsgericht beruft sich in seinem Urteil über die freien Mitarbeiter[184] auf den Sozialstaatsgrundsatz, um die Beschäftigungsfreiheit des Arbeitgebers „gerade auch" in „Sorge für diejenigen" . . . „die keinen Arbeitsplatz haben und einen solchen suchen" zu begründen (gegen diese „Zweischneidigkeit" arbeitsrechtlicher Schutzbestimmungen die abweichende Meinung des Richters Heußner).[185]

Im kollektiven Arbeitsrecht wird die Sozialstaatsklausel häufig berufen und häufig zurückgewiesen.

Sie dient zur Begründung für die Unantastbarkeit der Tarifautonomie[186] oder die Arbeitskampffreiheit[187]. Auch Betriebsverfassung und Mitbestimmung werden im Sozialstaatsgrundsatz verankert; er muß sich dort gegen das auf Art. 2 und 14 gegründete Gegenrecht des Unternehmers abwägen lassen, ohne daß man daraus für Streitfragen bindende Anweisungen gewinnen könnte[188]. Auch die Zulässigkeit der Sprecherausschüsse wurde neben anderem auf den Sozialstaatsgrundsatz gestützt. Daß er indessen durchaus unterschiedlich eingesetzt werden kann, zeigen andere Beispiele. So bemüht das BAG[189] den freiheitlich sozialen Rechtsstaat als Grundlage der Tarifautonomie, um darzulegen, daß der Betriebsrat bei der Festsetzung von Vergütungsteilen keine Mitbestimmung besitzt; andererseits sieht das Gericht[190] nicht, wie der Sozialstaatsgrundsatz Anspruchsgrundlage für einen Verhandlungsanspruch der Gewerkschaft sein könnte[191]: der Grundsatz enthält zwar eine wichtige Auslegungsrichtlinie,

---

[180] AP Nr. 6 zu § 611 BGB Urlaubsrecht = E 3, 23.
[181] BAG, AP Nr. 4 zu § 242 BGB Ruhegehalt-Geldentwertung = E 25, 146 (164); Nr. 156 zu § 242 BGB Ruhegehalt = E 24, 177 (192).
[182] BAG, GS, AP Nr. 43 zu Art. 9 GG Arbeitskampf = E 23, 292.
[183] AP Nr. 2 zu § 2 BUrlG 1972 = E 25, 248 (255).
[184] Oben II Anm. 62.
[185] Dazu AR I 98 ff.
[186] Vgl. etwa BVerfGE 4, 96 (102); Scholz, Handbuch des Staatsrechts VI § 151 Nr. 26.
[187] Vgl. BAG, AP Nr. 1 zu Art. 9 GG Arbeitskampf = E 1, 291 (309).
[188] Vgl. etwa BAG, AP Nr. 4 zu § 118 BetrVG 1972, wo das sozialstaatliche Mitwirkungsrecht des Betriebsrats in einem Presseunternehmen gegen das auf Art. 5 GG gestützte Tendenzvorrecht des Arbeitgebers abgegrenzt wird.
[189] AP Nr. 3 zu § 56 BetrVG 52 Akkord = E 13, 345 (355).
[190] AP Nr. 5 zu Art. 9 GG = E 14, 282 (290).
[191] Zum Verhandlungsanspruch vgl. AR II 32 ff.

stellt aber „für sich noch keine Anspruchsgrundlage dar", heißt es dort kühl. – Der Sozialstaatsgrundsatz gestattet keine Änderung der Reihenfolge der Konkursgläubiger[192] und enthält keinen konkreten und verbindlichen Auftrag zur Einführung einer Mitbestimmung des Betriebsrats in Presseunternehmen[193]. Er schreibt auch nicht vor, wie die Beteiligung der Personalvertretung an innerdienstlichen Angelegenheiten auszugestalten ist[194], und verbietet schließlich auch die Aussperrung nicht. So bestätigt sich die Aussage, daß der Geist des Sozialstaats zwar über allem waltet, er seine konkrete Gestalt indessen in erster Linie, namentlich bei politisch „nervösen" Gegenständen, durch Gesetz und erst in zweiter Linie und nur höchst behutsam durch Richterspruch erhält.

---

[192] BVerfG, AP Nr. 22 zu § 112 BetrVG 1972 = E 65, 182 (193).
[193] BVerfG, AP Nr. 14 zu § 118 BetrVG 1972 = E 52, 283 (298).
[194] BVerfG, AP Nr. 1 zu § 108 BPersVG = E 51, 43 (58).

IV. Dogmatische Fragen

1. Wie die Einwirkung der Grundrechte auf das Arbeitsverhältnis dogmatisch zu erklären ist, beschäftigt die Lehre und auch die Praxis seit langem, auch wenn in den Ergebnissen Unterschiede kaum mehr erkennbar sind.

a) Der eigentliche (Kern)*Wortlaut* der Grund- und Freiheitsrechte, die hier bedeutsam sind, zwingt nicht zu dem Schluß, daß sie nur den Staat binden wollen. „Männer und Frauen sind gleichberechtigt" etwa spricht für das Familienrecht den Gesetzgeber, in seiner Spielart „gleicher Lohn für gleiche Arbeit" dagegen den Arbeitgeber und die Tarifpartner an. Art. 1 III legt diesen Schluß auch nur dann nahe, wenn man in ihn ein „nur" hineinlegt, das dort nicht steht (das freilich von vielen hineingelesen wird). Die Gesetzesvorbehalte lassen sich in dem Sinn deuten, daß Grundrechtsbeeinträchtigungen *durch wen immer* nur in ihrem Rahmen gestattet sein sollen (zu ihrer tatsächlichen Bedeutung unten c). Art. 9 III S. 2 ist allerdings entbehrlich, wenn Drittwirkung ohnehin gilt. Abgesehen von dem sich hier aufdrängenden Gegenschluß ist der Wortlaut mithin nicht zwingend[1].

b) Der *Wille des Verfassungsgebers* ging indessen eindeutig dahin, nur die staatliche Gewalt an die Grundrechte zu binden. Das GG versteht sich als bewußte Abkehr von der menschenrechtsverachtenden Einstellung des Dritten Reiches ebenso wie des Sowjetkommunismus, 1949 das eine jüngste Vergangenheit, das andere bedrohliche Wirklichkeit jenseits der Elbe.

Dies hat nicht gehindert, daß einzelne Überlegungen, wie „gleicher Lohn für gleiche Arbeit", auch die Drittrichtung betreffen; für die Vorstellung der Schöpfer des GG war auch nicht entscheidend, daß sich die Grundrechte ursprünglich auch gegen gesellschaftliche Mächte gerichtet hatten[2]. – Umgekehrt ist es aber auch unerheblich, daß die Rechtsprechung mittels der Generalklauseln des Zivilrechts gleichartige Lösungen, wie sie die Grundrechte heute gebieten, schon gefunden hat, bevor es Grundrechte im technischen Sinn überhaupt gegeben hat[3]. Das ist gewiß richtig, zeigt aber nur, daß die „Ordnungssätze des sozialen Zusammenlebens" sich so gebieterisch durchgesetzt hatten, daß weder die Bedenken aus der liberalen Grundhaltung jener Zeit noch aus der Gewaltenteilung ihren Durchbruch verhindern konnten. Inzwischen hat das GG mit seiner allgemeinen, von niemand bestrittenen Schärfung des Wertbewußtseins nachgezogen und der Rechtsprechung ein festeres Fundament gegeben[4].

---

[1] A. A. die h. M., vgl. Starck, Bem. 196, 201 zu Art. 1; Canaris, AcP 1984, 204; Kirchhof, Private Rechtsetzung (1987) 520.
[2] Oben II Anm. 75.
[3] Vgl. nur Leisner 223 ff.; Häberle, Wesensgehaltgarantie (oben II Anm. 4) 167 ff.

c) Von diesem Ausgangspunkt aus wurde oben II 3 a vorgeschlagen, die Erstreckung der Grundrechte in das Arbeitsverhältnis (und die Unterwerfung der Tarifpartner unter sie, unten VI) mit Analogie zu begründen, wie sie auch sonst zwischen öffentlichem und privatem Recht vielfach geübt wird. Analogon ist die soziale Macht, die „Chance, innerhalb einer sozialen Beziehung den eigenen Willen auch gegen Widerstreben anderer durchzusetzen, gleichviel, worauf diese Chance beruht"[5]; wo es an diesem Machtgefälle fehlt, tritt die Selbstbestimmung an die Stelle, die es dem Einzelnen erlaubt, auf die Ausübung eines Grundrechts auch zu verzichten (oben II 3 b).

Auch die gegenseitige Abwägung der beiderseitigen Interessen ist, wie oben geschildert, keine Besonderheit der Drittwirkung. Sie findet sich ebenso bei der Konkretisierung des Grundrechts in seiner Staatsrichtung. Daß der Staat keine Grundrechte besitzt, ändert daran nichts; er setzt dem Grundrechtsträger das öffentliche Wohl, die Gemeinschaftsgüter, entgegen, die zu wahren seine Aufgabe ist. Hierbei versteht es sich von selbst, daß der Richter die beiderseitigen Belange in der Staatsrichtung und in der Drittrichtung unterschiedlich gewichten kann[6]. Entgegen einer vielfach geäußerten Meinung ist dies mithin kein Grund, die Analogie abzulehnen[7].

Für diese Konkretisierung sind die den Grundrechten beigegebenen *Gesetzesvorbehalte* keine brauchbare Hilfe. Zum einen werden die Gesetze, die die Grundrechte einschränken, ihrerseits in deren Licht ausgelegt, scheitert jede über das Notwendige hinausgehende Einschränkung am Verhältnismäßigkeitsgrundsatz, so daß schon an dieser Stelle Abwägung und richterliche Wertung die schlichte Subsumtion unter das einfache Gesetz verdrängen; zum anderen unterliegen auch die vorbehaltlosen Grundrechte „verfassungsimmanenten" Schranken verschiedenster Art[8]. In der Drittwirkung spielt der Geset-

---

[4] AcP 1964, 423.
[5] Max Weber, Wirtschaft und Gesellschaft (5. Aufl.) 72.
[6] So mag der Arbeitgeber zur Kündigung berechtigt sein, wenn der Arbeitnehmer eine Arbeit aus Gewissensgründen verweigert, ohne daß daraus zwingend folgt, daß dieser deshalb auch den Anspruch auf die Arbeitslosenversicherung verliert; vgl. dazu BSG 18. 2. 1987, NZA 1988, 221 (Gewissensfreiheit gegen Funktionsfähigkeit der Arbeitslosenversicherung). Zum Zusammenprall von Meinungsfreiheit und Bedürfnissen des Strafvollzuges vgl. BVerfGE 35, 35; 42, 234; 57, 170; – religiöser Vorschriften über die Kopfbedeckung und dem Zwang zu militärisch einheitlicher Kleidung vgl. für die Vereinigten Staaten HarvardLR 100 (1986) 163 ff.; andere Beispiele zur Gewissensfreiheit bei Lupu (oben III Anm. 81).
[7] Vgl. Leisner 316; Schwabe, Drittwirkung 83; Eckhold-Schmidt (oben I Anm. 3) 77; auch Rüfner, Gedächtnisschrift Martens (1987) 221. – Abweichend Stern III/1, 1512 f.; Bleckmann 160; Maunz-Dürig-Herzog-Scholz, Bem. 513 zu Art. 3 I; Rupp, Handbuch des Staatsrechts I § 28 Nr. 34; Schmitt Glaeser, ebda. VI § 129 Nr. 89; Loritz, ZfA 1989, 18. Auch ich selbst habe bisher einen Unterschied der Drittwirkung zur Wirkung in der Staatsrichtung darin gesehen, daß in der Drittwirkung zwei Grundrechtsträger einander gegenüberstehen, zuletzt Anm. EzA Nr. 9 zu § 611 BGB Beschäftigungspflicht.

IV. Dogmatische Fragen

zesvorbehalt deshalb keine Rolle[9]. Für sie ist es unerheblich, daß Art. 4 keinen, Art. 5 dagegen einen bunten Strauß von Vorbehalten aufweist; dies um so weniger, als etwa das Problem des politischen Gewissens in Grenzfällen ebenso unter Art. 4 wie unter Art. 5 subsumiert werden kann (oben III 3 c).

Zur näheren Bestimmung des Inhalts des Grundrechts ist in erster Linie das Gesetz aufgerufen (oben II 2 d); wo ein solches erlassen wurde und inhaltlich eindeutig ist, ist für eine Auffüllung mit abweichenden Überlegungen aus dem Grundrecht kein Platz. Davon gibt es jedoch, wie geschildert, nicht allzu viele, vielmehr hat § 1 KSchG beispielhaft gezeigt, daß auch das scheinbar konkrete Gesetz für die Auslegung im Geiste der Grundrechte immer wieder einen weiten Spielraum beläßt. Noch weiter ist dieser Spielraum bei den Generalklauseln wie Fürsorgepflicht, Treupflicht, wichtiger Grund, böswilliges Unterlassen usw., von denen das Arbeitsrecht voll ist[10]; sie mit Inhalt zu füllen, ist für den Richter kein anderer Vorgang, als wenn er die im Spiel stehenden Interessen offen nennt und gegeneinander abwägt. Von der Generalklausel ist schließlich nur ein kurzer Schritt zur Abdeckung der weiten Bereiche, die das BGB der Festlegung durch den Arbeitsvertrag überlassen hat.

In allen Fällen ist die Präzisierung und Lückenfüllung Sache des Richters. Er entscheidet in Anwendung einer gedachten Norm, wie er sie als Gesetzgeber für einen solchen Fall aufstellen würde (oben II 2 f). Diese richterliche Norm ist den Grundrechten nicht anders unterworfen wie jedes Gesetz, Art. 1 III.

Im wesentlichen entspricht dies der Lehre von Schwabe[11], der freilich nicht so sehr auf die gedachte richterliche Norm als vielmehr auf ihren Vollzug durch Urteil und Vollstreckung abstellt und damit der Kritik[12] – Art. 1 III binde den Richter nur, soweit auch die Entscheidung selbst grundrechtsgebunden ist – unnötige Angriffsflächen bietet[13].

Aus dem Gesagten folgt, daß ein Unterschied zwischen der im Gesetz selbst enthaltenen Schlichtung der Grundrechtskollisionen, der Auslegung von

---

[8] Stern III/1, 192, 1302 f.; Starck, Bem. 170 ff. zu Art. 1; Hermes (oben II Anm. 17) 249 ff.; von Campenhausen, Handbuch des Staatsrechts VI § 136 Nr. 79 ff.; Bethge, ebda. § 137 Nr. 23; vgl. aber auch Bleckmann 267 ff. und 284 ff.

[9] Schwabe, Drittwirkung 117; Maunz-Dürig-Herzog-Scholz, Bem. 513 zu Art. 3 I; Canaris, AcP 1984, 204; Rüfner, Gedächtnisschrift Martens (1987), 224; AcP 1964, 428 f. – A. A. Leisner 329 ff.; Kirchhof, Private Rechtsetzung (1987) 527 f.

[10] AcP 1964, 423 ff.

[11] Schwabe, Die sogenannte Drittwirkung der Grundrechte (1971) 14 ff., AöR 1975, 442 ff. und AcP 1985, 1 ff.; wie hier Saladin, SJZ 1988, 383.

[12] Vgl. Stern III/1, 1445, 1486 f.; Bleckmann 155, 158.

[13] Canaris, AcP 1984, 213, 228, unterscheidet demgegenüber das „Rechtsgeschäft" Kündigung von den unmittelbar grundrechtsunterworfenen §§ 1 KSchG oder 626 BGB, also die privatrechtlichen Gesetze und die „Akte der Privatrechtssubjekte". Dies würde indessen voraussetzen, daß sich das „Rechts"geschäft im vorrechtlichen Raum befindet, eine contradictio in adjecto.

Generalklauseln und anderen Normen im Lichte der Grundrechte und deren unmittelbarer Anwendung in den der Vertragsfreiheit überlassenen Räumen nicht besteht. Hat man sich erst einmal über ihre ausschließliche Staatsrichtung hinweggesetzt, so ist der Vorgang nicht nur in seinen Wirkungen („praktisch"), sondern auch dogmatisch der gleiche: stets geht es um die rechte Abgrenzung und nur um diese. Der 30jährige Streit um die unmittelbare oder mittelbare Wirkung (unten 2.) wird um ein Scheinproblem geführt[14].

2. Die Lehre von der *Mittelbarkeit der Drittwirkung,* die jetzt zu besprechen ist, wird verständlich, denkt man an ihre Anfänge zurück. Hatte das BAG 1954 im Anschluß an Nipperdey eine Kündigung und Tarifverträge den Art. 5 und 3 II[15] unmittelbar unterworfen, so wurde dies von anderen bald auf unvergleichbare Sachverhalte übertragen; erinnert sei nur an die These von Boehmer[16], der auch letztwillige Verfügungen an Art. 3 III messen wollte; in einer etwa gleichzeitig geführten Auseinandersetzung um Vertragspflicht und Gewissensfreiheit[17] wurde zwischen Arbeitnehmern und freien Werkunternehmern kein Unterschied gemacht. Dagegen richtete sich die Kritik von Dürig[18], die die Entwicklung bis heute bestimmt hat. Die Grundrechte seien, so Dürig, ihrer geschichtlichen Entwicklung und systematischen Stellung nach Abwehrrechte gegen den Staat. Ihre unbesehene Übernahme in den Zivilrechtsverkehr würde diesen unmittelbar gefährden: es gehöre zur Freiheit vom Staat, „von ihm ungehindert, in der unter gleichgeordneten Privaten bestehenden Verkehrs- und Tauschgerechtigkeit des Zivilrechts von Grundrechtssätzen, die für staatliches Handeln unabdingbar sind, abweichen zu können", „. . . unter seinesgleichen von Gleichheitsforderung und speziellen Erscheinungsformen der Freiheit keinen Gebrauch machen zu müssen". Dagegen seien die Grundrechte dazu berufen, die wertausfüllungsbedürftigen Generalklauseln des Zivilrechts (§§ 138, 242, 826 BGB) mit Inhalt zu füllen (mittelbare Drittwirkung).

Wenn Dürig an der zitierten Stelle auch von „unter seinesgleichen" spricht, so verkennt er das Problem des Machtgefälles dennoch nicht: an anderer Stelle[19] verweist er darauf, daß „unter Verkennung der Verfassungsrealität" die sozialen Gewalten als außerstaatliche Angreifer der Individualsphäre vom GG nicht genügend zur Kenntnis genommen wurden, eine „Diskrepanz von verfassungsloser Wirklichkeit und wirklich-

---

[14] AcP 1964, 419 ff.; AR I 61 ff.
[15] BAG, AP Nr. 2 zu § 13 KSchG = E 1, 185; Nr. 4 und 7 zu Art. 3 GG = E 1, 258, 348.
[16] Erbrecht, in: Neumann-Nipperdey-Scheuner, Die Grundrechte Bd. II (1954) 421. – In der Bindung des Testators weitergehend als die h. M. auch Canaris, AcP 1984, 236. – Es ist kein Zufall, daß die Beispiele gegen die unmittelbare Drittwirkung vorzugsweise aus dem Bereich von Schenkung und Erbrecht und der Tendenzunternehmen genommen werden, vgl. etwa Dürig, Festschrift Nawiasky 160.
[17] Nachweise AR I 56; vgl. auch Dürig, Festschrift Nawiasky 161 Anm. 6.
[18] AaO 159.
[19] AaO 183 f.

IV. Dogmatische Fragen

keitsloser Verfassung", die von der Wissenschaft vom öffentlichen Recht sehr wohl gesehen werde. Den Schutz vor nichtstaatlicher Gewalt indessen durch den Ruf nach dem Staat sichern zu wollen, heiße, den Teufel mit Beelzebub auszutreiben. Die Beelzebuben in diesem Gleichnis sind offensichtlich die Richter; man fragt sich indessen vergeblich, was die Vorschaltung von Treu und Glauben usw. an dieser Eigenschaft ändern kann.

Die Lehre von der Mittelbarkeit der Drittwirkung hat sich, seit sich ihr auch der Große Senat des BAG angeschlossen hat, voll durchgesetzt[20]. Immerhin wird ein unmittelbarer Rückgriff bei Lücken des Gesetzes auch von Dürig nicht ausgeschlossen[21].

Über die Problematik der Lücken, immerhin das eigentliche Feld richterlicher Rechtsfindung, geht das verfassungsrechtliche Schrifttum freilich erstaunlich leicht hinweg: so sagt etwa Breuer[22], der Richter solle bei der Auslegung des einfachen Gesetzes die Grundrechte „grundrechtseffektivierend" berücksichtigen. Wo wäre aber, um nur ein Beispiel zu nennen, bei den Rückzahlungsklauseln (oben III 3 f (2))[23] ein solches Gesetz gewesen? Ebensowenig wird problematisiert, wie es geschehen kann, daß die durch das einfache Gesetz, etwa § 60 HGB, in das Zivilrecht eingeführte Grundrechtsnorm die HGB-Norm wieder verdrängt und sich damit gewissermaßen selbst der Schiene beraubt, auf der sie transportiert wurde.

Das Bundesverfassungsgericht sieht als Gegenstand der mittelbaren Anwendung („über das Medium der das einzelne Rechtsgebiet unmittelbar beherrschenden Vorschriften", E 73, 269) die in den Grundrechtsnormen verkörperten Werte, spricht in neuerer Zeit aber auch von ihrem „objektivrechtlichen Gehalt"[24], im Gegensatz zum Grundrecht als (gegen den Staat gerichteten) subjektivem öffentlichen Recht. Dahinter steht der Wunsch, durch die Zufälligkeiten des Textes des GG nicht an der bestmöglichen Lösung gehindert zu werden.

Die „Werte" erinnern an die Weimarer Zeit, in der die Grundrechte überwiegend als Programmsätze galten. Für das Grundgesetz ist dagegen schwer zu erkennen, worin sich der „Wert" vom Inhalt des Grundrechts, der durch

---

[20] BVerfGE 7, 198 ff. (204) (Lüth-Urteil); BAG, GS, AP Nr. 14 zu § 611 Beschäftigungspflicht = E 48, 122 (138); BAG, AP Nr. 27 zu § 611 BGB Direktionsrecht = E 47, 363; Stern III/1, 1543; Starck, Bem. 200 zu Art. 1; Bleckmann 162 ff.; Schmitt Glaeser, Handbuch des Staatsrechts VI § 129 Nr. 89 f., einschränkend bei sozialer Macht Nr. 92; Schmidt-Jortzig, ebda. § 141 Nr. 25; Merten, ebda. § 144 Nr. 20; Breuer, ebda. § 147 Nr. 25, 72. – Badura, Staatsrecht (1986) 80, versteht unter mittelbarer Drittwirkung, die „grundsätzlich eine Abwägung voraussetzt". – Soweit die Diskussion in Österreich aufgenommen wurde, folgt sie ähnlichen Überlegungen, vgl. Novak, EuGRZ 1984, 133 ff.; Loebenstein, Festschrift Strasser (1983) 759 ff. mit Schrifttum in Anm. 1.
[21] Dürig, Festschrift Nawiasky 179 ff.; Stern III/1, 1558, 1577.
[22] Handbuch des Staatsrechts VI § 147 Nr. 25.
[23] Dazu Breuer aaO Nr. 72.
[24] Zuletzt AP Nr. 28 zu Art. 2 GG = E 73, 261 (269); dazu Stern aaO 899 ff.; Bleckmann 217 ff., 221 ff.; Jaraß, AöR 1985, 363 ff.

seinen Schutzzweck bestimmt wird, unterscheidet; der „Wert" des Art. 3 III richtet sich ebenso wie sein Inhalt oder Zweck gegen rassische oder politische Diskriminierung, der „Wert" des Art. 6 IV will die werdende Mutter nicht anders schützen als diese Vorschrift selbst[25]. Daß die Anwendung des bloßen Werts des Grundrechts „nicht gleichermaßen stringent" ist wie das subjektive Recht selbst[26], ist nicht einzusehen und wäre sogar bedenklich. Wenn die im Grundrecht enthaltene Anweisung an das Verhalten, dieses oder jenes nicht zu tun oder den anderen in dieser oder jener Hinsicht zu achten, entsprechend auf das Verhältnis Arbeitnehmer-Arbeitgeber angewandt wird, so ist das, wie schon oben II 3 a dargelegt, Zivilrecht. Hinter dem Ausweichen auf den Wert verbirgt sich, das darf man vermuten, der Wunsch, anders als gegenüber einer als eindimensional gedachten (und damit mißverstandenen) Staatsrichtung alle gegebenen Interessen der beiden Seiten zu berücksichtigen. Dies ist indessen, wie oben 1c gezeigt, im heutigen Verständnis der Grundrechtsschranken keine Besonderheit der Drittrichtung mehr: auch die öffentlichen Interessen haben in all ihrer Verzweigtheit gegenüber dem Grundrecht Anspruch auf alle die Berücksichtigung, ohne die sie nicht verwirklicht werden können. Deshalb ist gegenüber dem Staat wie gegenüber dem Dritten stets zunächst der genaue Inhalt des Grundrechts auszuloten. Steht er fest und setzt sich das Grundrecht durch, so ist die Wirkung in beiden Fällen dieselbe, gleich „stringent". – Daß der Rückgriff auf den Wert nicht alle Fälle zu lösen vermag, zeigt auch der Vergleich mit der Berücksichtigung des Wertes durch den Arbeitnehmer. Keine Arbeitnehmer-Kündigung ist bisher daran gescheitert, daß sie wegen der Rasse oder Hautfarbe oder politischen Meinung des Arbeitgebers ausgesprochen wurde (oben II 3 c, d)[27].

Die Ausformung des Inhalts der genannten Grundrechte einerseits und Art. 9 III (unten V 1 d) mit seiner ausdrücklichen Drittwirkung andererseits zeigt auch vom Methodischen her keinen Unterschied.

Starck beruft sich zur Begründung der Drittwirkung auf das in den Grundrechten verkörperte *Menschenbild*[28], eine Sicht, die sich gut mit der schon erwähnten Tatsache vereinbaren läßt, daß die Rechtsprechung die Werte schon zu Zeiten durchgesetzt hat, als die Grundrechte selbst als Verfassungs-

---

[25] Eckhold-Schmidt (oben I Anm. 3) 67 f.
[26] Stern III/1, 924.
[27] Hierzu vgl. Bydlinski, Oest. ZöR 1963, 423 ff. (458). – Bei der Organisation einer Massenänderungskündigung, um vom Arbeitgeber ein bestimmtes politisches Handeln zu erzwingen, mag es schon einmal anders aussehen. Zwar gilt auch hier, daß der einzelne Arbeitnehmer mit seiner Kündigung nur ein Recht ausübt, das sein Wesen nicht deshalb verändert, weil er dies zusammen mit anderen tut, dazu AR II 193 ff. gegen die h. M.; doch kann die Organisation einer solchen Kündigung einen Tatbestand des § 826 erfüllen, der insoweit durch Art. 5 inhaltlich konkretisiert wird.
[28] Starck, Bem. 97, 199 f. zu Art. 1. – Vgl. auch die bekannte Formulierung in E 4, 7 (15) vom „isoliert souveränen Individuum", das der Mensch nicht ist; dazu auch Stern III/1, 191.

IV. Dogmatische Fragen

normen noch nicht bestanden hatten (oben 1 b); das „Menschenbild" wird damit zu einer Art Allgemeinen Teils der Grundrechtswirkungen, der für die öffentliche wie die privatrechtliche Seite gilt[29]. Weniger überzeugend ist der Rückgriff auf das Menschenbild überall dort, wo es sich um die Grundrechte des Arbeitgebers (etwa eines großen Unternehmens oder des Staats) handelt; auch Art. 9 III ist mit dem Menschenbild plausibel nicht zu begründen. Die eigentliche Aufgabe des Richters ist dabei keine andere, wie sie auch von der herkömmlichen Lehre gestellt wird. Das Menschenbild zeigt die allgemeine Richtung an, nicht aber die konkrete Lösung: ob der Arbeitnehmer zwei oder drei Jahre sich des Wettbewerbs enthalten muß, ist ihm ebenso wenig wie dem Begriff der guten Sitten oder von Treu und Glauben usw. zu entnehmen.

Es wurde schon angedeutet, daß der Streit um die Mittelbarkeit ein Scheinproblem betrifft. Die Sorge um die Funktionsfähigkeit des Zivilrechts ist unbegründet. Bleckmann gibt ihr Ausdruck: es drohe die Gefahr, daß das Zivilrecht durch eine Art verfassungsgeborene equity verdrängt werde, die Rechtssicherheit würde dadurch unerträglich in Frage gestellt[30]. Daß Richterrecht eine große Rolle spielt, man denke auch an die Abgrenzungsfragen zwischen Persönlichkeitsschutz und Meinungs- und Pressefreiheit[31], wo es in der Tat inzwischen an jeder Voraussehbarkeit fehlt, ist nicht zu leugnen, aber diese Entwicklung ist durch die Zwischenschaltung von Generalklauseln höchstens verstärkt worden. Die Wahl besteht nicht zwischen mittelbarer und unmittelbarer Wirkung, sondern zwischen Wirkung und Nicht-Wirkung. Diese kann man nicht wollen. In den Brennpunkten der neueren Entwicklung hätte die Zurückweisung richterlicher Rechtsfortbildung und das Warten auf den Gesetzgeber die Folge, daß sich das Vermögensinteresse gegenüber dem Persönlichkeitsrecht deshalb durchsetzt, weil es früher, vor Inkrafttreten des Grundgesetzes, entwickelt und anerkannt worden ist. Das Problem wird entschärft, wenn man das Gesetz überall dort respektiert, wo es den Interessenkonflikt gesehen und gelöst hat[32], und wenn man dort, wo der Verzicht auf das Grundrecht in aller Freiheit getroffen wurde, es dabei auch bewenden läßt: es

---

[29] AcP 1964, 404 f.
[30] Bleckmann 170.
[31] Dazu Bullinger, Handbuch des Staatsrechts VI § 142 Nr. 44 (die Pressefreiheit sei zur „Presseunsicherheit" geworden).
[32] So sind denn die Beispiele von Kriele, JA 1984, 629 ff., vom Flötenspieler und seinem unmusikalischen Nachbarn usw. mit dem Nachbarrecht des BGB und nur mit ihm zu lösen. Wo das Gesetz eine gewisse Pauschalierung und Vergröberung der Interessenwertung vornimmt, mithin auch einen feinsinnigen Künstler der allgemeinen Regel unterwirft, ist dies um der Rechtssicherheit willen hinzunehmen, dem Richter mithin nicht erlaubt, dagegen Einzelfallwertungen durchgreifen zu lassen. Im übrigen zeigt die Entwicklung von § 60 I HGB (oben II 2 d) jedoch, daß sich das Grundrecht in Übereinstimmung mit der allgemeinen (gewandelten) Rechtsüberzeugung durchaus auch gegen das (zumeist ältere) geschriebene Recht durchzusetzen vermag, eine Erscheinung, vor der die Mittelbarkeitslehre versagen muß. Manches muß uns auch der gesunde Menschenverstand sagen.

wird dann nicht unmittelbar oder mittelbar, es wird überhaupt nicht angewandt, der Verzicht auf seine Berücksichtigung ist wirksam[33]. Wo dagegen Schutzlücken gegenüber einer sozialen Macht geblieben sind, wie gerade im Arbeitsrecht, und auch bei der Abgrenzung absolut geschützter Werte gegeneinander, ist die Unsicherheit richterrechtlicher Präzisierung das geringere Übel. Wie wenig der Gesetzgeber selbst imstande ist, dem beständigen Wechsel der Anforderungen an die soziale Gerechtigkeit nachzukommen, hat die Vergangenheit gezeigt, man denke etwa daran, daß er bei einem politisch so harmlosen Sachverhalt wie der Anpassung der Kündigungsfristen von Arbeitern und Angestellten sieben Jahre gebraucht hat, um dem Auftrag des Bundesverfassungsgerichts zur Gleichstellung nachzukommen. Solange das Gesetz schweigt, kann die Alternative nicht sein, daß die grundrechtswidrige Weisung befolgt werden muß, die Kündigung oder die Tarifnorm wirksam sind.

Freilich möchte man meinen, daß es, wenn es schon nichts nützt, so doch auch nichts schadet, vor die Nennung des konkreten Grundrechts auch die Generalklausel wie Treu und Glauben usw. vorzuschalten. Dem ist indessen nicht so. Es dient nicht der Klarheit, wenn man so genaue Gebote wie „du sollst niemand wegen seiner Herkunft benachteiligen" oder „du sollst die Berufswünsche deines Arbeitnehmers nicht durchkreuzen" in die nichtssagende Formel „handele nicht sittenwidrig"[34] verwandelt, um dem dann den eigentlichen Sinn aus dem Grundrecht zuzuerstatten. Für den Arbeitgeber, der (im Vertrauen auf ein amtliches Rundschreiben) eine Zölibatsklausel in den Arbeitsvertrag aufgenommen hat, ist es eine überflüssige Kränkung, ihm zunächst sittenwidriges Handeln zu bescheinigen, das dann in der weiteren Begründung mit dem Schutz von Ehe und Familie erläutert wird. Für den normalen Menschen enthält „sittenwidrig" nach wie vor einen starken moralischen Tadel[35]; daß „sittenwidrig" und „treuwidrig" inzwischen schlicht als „ordnungswidrig" verstanden werden, mag für den abgebrühten Juristen gelten, nicht aber für den, für den die Norm bestimmt ist. Der Arbeitgeber wird sich also unschuldig verfolgt vorkommen und Rechtsmittel einlegen. Frieden kann man auf diese Weise nicht stiften. Sagt man dem Arbeitgeber indessen: wir haben nun einmal die Eheschließungs- oder Berufsfreiheit, die auch der Einzelne nicht unangemessen beeinträchtigen darf, so wird er sich dem nicht verschließen, zumindest ohne Kränkung beugen[36]. Sind die Generalklauseln, wie Dürig sagt, die „Einfallspforte", so muß der

---

[33] Bilden Menschen in aller Freiheit einen Verein, so können sie sich selbstverständlich auch nach einem der Merkmale des Art. 3 III zusammenfinden; das ist keine Verletzung, sondern Betätigung der in dieser Vorschrift geschützten Werte; in einen Frauensportverein haben Männer keinen Zutritt; ein Argument gegen die unmittelbare Drittwirkung liegt nicht, a. A. indessen Merten, Handbuch des Staatsrechts VI § 144 Nr. 37. Ganz anders jedoch, wo der Verein wirtschaftliche oder soziale Macht darstellt; daß sich daraus ein Aufnahmeanspruch ergeben kann, ist seit langem anerkannt (dazu, daß die Abweisung als sittenwidrig zu qualifizieren für den Vereinsvorstand, der im besten Glauben handelt, eine üble Kränkung darstellt, sogleich).

[34] Ebenso Leisner 364; die Überschätzung dessen, was eine Generalklausel inhaltlich zu leisten vermag, ist weit verbreitet, zuletzt Badura, Festschrift Molitor (1988) 5.

[35] Vom „schlimmen Vorwurf der Sittenwidrigkeit" spricht BAG, AP Nr. 32 zu § 138 BGB; sittenwidrig ist ein Verhalten „nur in besonders krassen Fällen": so mit Recht LAG Düsseldorf und LAG Berlin, LAGE Nr. 3 zu § 138 BGB und 7 zu § 140 BGB; vgl. auch BAG, AP Nr. 1 zu § 612 a BGB. – Leisner 370.

IV. Dogmatische Fragen

weitere Weg doch durch die Grundrechte selbst gewiesen werden. Die Generalklausel stünde allein da, „nutzlos wie ein einsamer Triumphbogen"[37].

Ebensowenig leuchtet es ein, daß die Mittelbarkeitslehre an die Stelle einer „Revolution des Grundrechtsverständnisses und der Privatrechtsstrukturen" eine „vorsichtige evolutionäre Weiterentwicklung beider" gebracht hat[38]. Die Geschichte des Arbeitsrechts ist seit 80 Jahren Bild steter evolutionärer Entwicklung. Die unmittelbare Anwendung der Grundrechte nach ihrem Sinn und Geist durch das BAG hat daran nichts geändert.

3. Eine Lösung, die der mittelbaren Drittwirkungslehre nahesteht, hat Söllner[39] entwickelt. Für ihn ist die „Einfallspforte" der Grundrechte § 315 BGB. Die Rechtsprechung verwendet diese Bestimmung als Rechtfertigung ihrer Billigkeitskontrolle von Betriebsvereinbarungen und betrieblichen Regelungen von kollektivem Charakter an zahlreichen Stellen[40]. Die Söllnersche Lehre hat den Vorzug, daß sie auf eine geschriebene Norm verweisen kann, in der der Gesetzgeber die richterliche Festsetzung selbst vorgesehen hat. Sie tut dieser Bestimmung freilich insoweit Gewalt an, als § 315 nur die von den Parteien bewußt offengelassene Regelungslücke im Auge hat, während die Aufgabe der Grundrechtspräzisierung nicht nur das Weisungsrecht des Arbeitgebers, sondern auch und gerade die Fälle ergreift, in denen seine Leistung genau festgelegt wurde (etwa Widerruflichkeit der Ruhegeldzusage oder Rückzahlungsabrede); daß § 315 an seiner Wiege von seinem späteren Werdegang nichts gesungen worden ist, kann ebenfalls angenommen werden. Im übrigen ist „billiges Ermessen" ebenso inhaltsleer wie Treu und Glauben usw.; wenn derselbe Verzicht auf die Ausübung eines Grundrechts je nach der Verhandlungslage des Arbeitnehmers – Großbetrieb oder Handwerksmeister – unterschiedlich beurteilt wird, muß auch § 315 auf die zugrunde liegende Machtlage zurückgreifen, will sie erklären, warum das billige Ermessen in dem einen Fall ja und in dem anderen Fall nein zu sagen gebietet.

4. Keinen Fortschritt an inhaltlicher Klarheit vermag ich in der Lehre von Scholz[41] zu sehen, der dem Sozialstaatsgrundsatz den Auftrag erteilt, „die für das Macht- und Abhängigkeitsverhältnis zwischen Staat und Bürger maßgebenden Verfassungsentscheidungen auch für das Arbeitsrecht zu mobilisieren". Es mag sein, daß Scholz damit

---

[36] Man denke auch an das Beispiel bei Maunz-Dürig-Herzog-Scholz, Bem. 516 zu Art. 3 I, wo dem Gastwirt, der den einzigen Versammlungssaal in einer Gemeinde einer von ihm (und der öffentlichen Meinung) verabscheuten politischen Partei nicht vermietet, „vorsätzliche sittenwidrige Schädigung", § 826 BGB, vorgehalten wird.

[37] AcP 1964, 422, auch heute noch nicht widerlegt.

[38] Stern III/1, 1556.

[39] Einseitige Leistungsbestimmungen im Arbeitsverhältnis (1966). – Die Söllnersche Lehre wird von der Rechtsprechung nicht selten befolgt, vgl. etwa BAG, AP Nr. 27 zu § 611 BGB Direktionsrecht = E 47, 363 (374).

[40] Vgl. etwa BAG, AP Nr. 1 (= E 23, 160) und 2 zu § 305 BGB Billigkeitskontrolle; Nr. 1 zu § 242 BGB Ruhegehalt-Zusatzversorgung u. a.

[41] Festschrift BAG (1979) 511 ff. (524 ff.).

die „Angriffsflächen eines unreflektierten Drittwirkungsdenkens zu vermeiden weiß" (S. 528), doch leidet seine Lehre an derselben Schwäche wie der Umweg über § 315, daß nämlich der Inhalt des Sozialstaatsgrundsatzes – als wäre er nicht ohnedies umfangreich und unklar genug – noch um die Inhalte der eigentlichen Grundrechte angereichert werden muß.

5. Eine neue Lehre beruft sich als Erklärung für die Drittwirkung auf den Auftrag in Art. 1 I, die Würde des Menschen „zu schützen". Sie sieht darin einen Auftrag an den Gesetzgeber oder an seiner Stelle den Richter, die in den Grundrechten verkörperten Werte vor Bedrohungen durch Dritte zu bewahren[42].

Die Pflicht des Gesetzgebers, zum Schutz der Grundrechte tätig zu werden, ist in einer Reihe von Entscheidungen entwickelt worden, von denen die wichtigsten die Fristenlösung, den Umweltschutz und die Entführung von Hanns Martin Schleyer betrafen[43].

Da man Schutz nur vor einem übermächtigen Gegner braucht, wird durch den Schutzauftrag die soziale Macht, die man als solche nicht gelten läßt, doch wieder ins Spiel gebracht. Daß etwa zwischen der abtreibungswilligen Mutter und dem Embryo ein Machtgefälle besteht, wird niemand bestreiten wollen. Wer sich selbst helfen kann, dem kann andererseits gegen seinen Willen der Schutz auch nicht aufgedrängt werden (oben II 3 b), vgl. auch die Warnung Dürigs vor der freiheitsgefährdenden Wirkung des Wohlfahrtsstaates. Für das Arbeitsrecht ist die neue Lehre dann wichtig, wenn Schutzlücken nur durch Gesetz gefüllt werden können, wie im Arbeitsschutz im engeren Sinn, wenn das Schutzanliegen der Überwachung durch die Behörde und der Strafdrohung bedarf; weder das eine noch das andere könnte aus einer analogen Anwendung des Grundrechts abgeleitet werden.

Wird das Nachtarbeitsverbot für Arbeiterinnen aufgehoben, so würde sich dieser Schutzauftrag aus Art. 1 und 2 alsbald zu Wort melden, um es wieder einzuführen[44]! –

---

[42] Canaris, AcP 1984, 225 ff.; Starck, Bem. 198 ff. zu Art. 1; Stern III/1, 1560, 1572 ff.; Kirchhof, Private Rechtsetzung (1987) 523 ff.; Hermes (oben II Anm. 17) 99 ff.; Jaraß, AöR 1985, 378 ff.; Saladin, SJZ 1988, 373 ff. (376); Klein, NJW 1989, 1633 ff.

[43] Zu den Schutzpflichten im allgemeinen vgl. Stern III/1, 931 ff.; Bleckmann 236 ff.; Lorenz, Handbuch des Staatsrechts VI § 128 Bem. 44 ff., 51; Grabitz, ebda. § 130 Nr. 14 f.; Klein und Martens in: Verhandlungen der Deutschen Staatsrechtslehrervereinigung Heft 30 (1971).

[44] In der Sowjetunion, in der die Frauen zu fast 100 % in den Arbeitsprozeß eingegliedert sind und dort in Pervertierung der „Gleichberechtigung" schwerste körperliche Arbeiten leisten (lediglich die Arbeit unter Tage wurde vor einigen Jahren untersagt), findet die Nachtarbeit der Frauen inzwischen heftige Kritik, die auch von der Tribüne des Volkskongresses vom Mai/Juni 1989 herunter geäußert wurde. Soja Puchowa, Vorsitzende des sowjetischen Frauenrats, sagt dazu: „Wie konnte es kommen, daß mehr Frauen in der Nachtschicht arbeiten und mit körperlich schweren Tätigkeiten und in gesundheitsgefährdenden Produktionen beschäftigt sind als Männer? Wo bleibt da der Schutz der Mutterschaft? Auch die Familie wartet noch auf wirkliche Hilfe; aber das ist

IV. Dogmatische Fragen

Anklänge an die Schutzlehre finden sich auch in den Erörterungen zum Arbeitskampf, wenn etwa ein Eingriff des Gesetzgebers zur Herstellung der Waffengleichheit ins Auge gefaßt wird: Ausdruck der Zurückhaltung, die die Rechtsprechung in diesem „konfliktträchtigen" Gebiet gern üben würde (wenn sie nur könnte).

Im übrigen kann ich nicht sehen, daß für die große Masse der Fälle, wie sie hier dargestellt wurden, die Schutzauftragslehre dogmatisch einen Fortschritt bringt. Bliebe es auch hier beim Auftrag an den Gesetzgeber, so gelten die gleichen Bedenken, wie sie gegenüber dem Vertrauen auf das Gesetz schon mehrfach geäußert wurden. Kann dem Schutzbedürfnis dagegen ohne Zwischenschaltung eines einfachen Gesetzes durch Richterrecht Genüge getan werden, so geschieht dies schon durch die entsprechende Anwendung des Grundrechtes selbst, eines weiteren besonderen Auftrages an den Richter hierzu bedarf es nicht, er ist ihm schon mit seiner Ernennung erteilt worden.

Überträgt man die neue Lehre auf die Tarifautonomie, so wäre es folgerichtig, daß der Richter den Verfassungsauftrag zur Berichtigung der Tarifnorm nur für die Zukunft erteilt, so wie auch der Umweltsünder solange nicht bestraft werden kann, als das Schutzgesetz nicht erlassen wurde (und es ist zuzugeben, daß die Schwierigkeiten, die der richterliche Eingriff in die Verteilung des Vorhandenen stets mit sich bringt, damit gemildert würden). Aber das geht selbstverständlich nicht und wird auch von niemand vertreten.

Schließlich ist die Lehre vom Schutzauftrag auch noch nicht ausgeformt. Canaris bringt als Beispiel den (durch §§ 74 ff. HGB erfüllten) Auftrag zum Schutz der Arbeitnehmer vor Wettbewerbsverboten. Von einem Auftrag zur Herstellung einer gerechten Verteilung der Arbeitsplätze (oben II 3 f) ist an keiner Stelle die Rede. Für ein Gebot zur praktischen Herstellung der Gleichheit von Mann und Frau im Berufsleben wird ein solcher Auftrag sogar ausdrücklich abgelehnt[45].

---

nur die Spitze des Eisbergs" . . . „Ministerien und Behörden nützen die körperliche Arbeit der Frauen immer noch in barbarischer Weise aus, weil dies ihnen weniger Mühe macht und nützlicher erscheint als die Einführung der Errungenschaften des wissenschaftlich-technischen Fortschritts". – Eine Ärztin aus Sibirien sagte in einer anderen Sitzung: „Die Gleichberechtigung bedeutet keineswegs, daß die Geschlechter dieselben schweren körperlichen Belastungen tragen sollen; wir aber haben die Frauen an der Arbeitsfront verheizt . . . Wir müssen sie aus den Nachtschichten und gesundheitsgefährdenden Betrieben ablösen, lange kann das nicht mehr aufgeschoben werden".

[45] So Starck, Bem. 209 zu Art. 3.

V. Koalitionsfreiheit, Art. 9 III[1]

1. Art. 9 III ist von anderem Gehalt als die bisher behandelten Grundrechte. Er bildet die Grundlage des Tarif- und Arbeitskampfrechts mit Ausstrahlungen in viele andere Bereiche von Recht und Staat. Kein anderes Grundrecht hat eine solche ausufernde Auslegung erfahren, sie in den Einzelheiten zu schildern würde wiederum ein ganzes Buch erfordern. Art. 9 III genießt auch als einziges Grundrecht ausdrücklich Drittwirkung, Art. 9 III S. 2.

Zur Auslegung beruft sich die Rechtsprechung immer wieder auf die geschichtliche Entwicklung, insbesondere die Weimarer Zeit, wie etwa für den Koalitionsbegriff oder die Werbung vor Betriebsratswahlen; den Schöpfern des GG ist sicherlich auch dieser Rechtszustand vor Augen gestanden. Wo es gilt, die Entwicklung voranzutreiben, wie etwa bei Anerkennung der Koalition als Grundrechtsträger und an vielen anderen Stellen, geht die Praxis über den Rechtszustand in der Weimarer Zeit aber auch beherzt hinaus; Koalitionsfreiheit und Tarifautonomie sind „entwicklungsoffen"[2].

2. Positive Koalitionsfreiheit

a) *Ausdrücklicher Schutzbereich:* Nach seinem Wortlaut gewährleistet Art. 9 III S. 1 jedermann, also Arbeitnehmern und Beamten[3], das Recht, eine Koalition zu bilden, und geht damit über den Wortlaut von Art. 9 I nicht hinaus[4]. Zur „Bildung" gehört als weniger auch der Beitritt zum Verband.

---

[1] Vgl. Kommentare zu Art. 9 GG; Lehrbücher des Arbeitsrechts; Benda-Maihofer-Vogel (Hrsg.), Handbuch des Verfassungsrechts der Bundesrepublik Deutschland (1983); Kommentare vor und zu § 1· TVG; Richardi, Kollektivgewalt und Individualwille bei der Gestaltung des Arbeitsverhältnisses (1968); Lerche, Verfassungsrechtliche Zentralfragen des Arbeitskampfs (1968); Scholz, Die Koalitionsfreiheit als Verfassungsproblem (1971); ders., Handbuch des Staatsrechts VI § 151; Isensee, Die verfassungsrechtliche Verankerung der Tarifautonomie, in: Die Zukunft der sozialen Partnerschaft, Veröffentlichungen der Walter-Raymond-Stiftung Bd. 24 (1986), 159 ff.; Stern III/1, 1479 f.; AR II 2 ff.

[2] Stern III/1, 868, 870; Scholz, Handbuch aaO Nr. 8, 16.

[3] Zur Ausdehnung auf andere Personen vgl. Maunz-Dürig-Herzog-Scholz, Bem. 179 f. zu Art. 9. – Die Beamten haben mit rund 66 % von allen abhängig Beschäftigten den höchsten Organisationsgrad. – Keine Träger des Grundrechts aus Art. 9 III sind in dieser ihrer Eigenschaft Betriebs- und Personalrat, vgl. BVerfG, AP Nr. 18 zu Art. 9 GG = E 28, 314 (323); BAG, AP Nr. 10 zu Art. 9 GG = E 19, 217 (228).

[4] Ob Art. 9 III ein Unterfall der Vereinsfreiheit des Art. 9 I ist – so etwa Scholz, Handbuch aaO Nr. 5 – oder ein eigenständiges Grundrecht, ist umstritten, doch mehr von theoretischem Interesse. Die Frage ist zu verneinen. Der Unterschied der beiden Freiheiten ist zu groß: die Koalitionsfreiheit ist Menschen-, die Vereinsfreiheit Deutschenrecht (wobei ein zu weit gehender Ausschluß des Ausländers durch Art. 2 abgemildert werden kann); nur die Koalitionsfreiheit genießt ausdrückliche Drittwirkung; nur für sie wird wegen ihrer öffentlichen Aufgabe ein Kernbereich spezifisch koalitionsgemäßer Betätigung (mit allen daran geknüpften Folgerungen) freigehalten.

V. Koalitionsfreiheit, Art. 9 III

Ebenso hat der Einzelne das Recht, sich für seinen Verband einzusetzen[5] und an seiner Tätigkeit teilzunehmen. Es ist das ein eigenständiges, kein vom Verband abgeleitetes Recht[6]. Zum Schutzbereich der „Bildung" gehört auch die Wahl der Organisationsform, also insbesondere zwischen Industrie- und Berufsverband[7]. Wieweit ein „Verbändegesetz"[8] die Strukturen des Verbandes zwingend regeln kann, ist eine heikle Frage zwischen der Achtung der Autonomie und der Vorsorge gegenüber möglichen Mißbräuchen; eine demokratische Grundhaltung des Mitgliederverbandes ist unverzichtbar, doch darf man dabei nicht übersehen, daß eine allzu enge Unterwerfung der Verbandsführung unter den Willen der Mitgliedschaft (in ihren wechselnden Stimmungen) eine wirksame Verbandspolitik auch lähmen kann. Der Gesetzgeber, der dies zu regeln unternimmt, wandelt auf einem schmalen Grat (macht freilich keine Anstalten, hier tätig zu werden).

Art. 9 III kommt auch dem Arbeitgeber (und Arbeitgeber-Verband) zugute; daß die Koalitionsfreiheit ursprünglich aus der Selbsthilfe der Arbeiter erwachsen ist, und daß das Grundrecht bei Arbeitgeber und Arbeitnehmer angesichts ihrer unterschiedlichen Stellung auch unterschiedlich bewertet wird, ändert daran nichts[9].

b) Die Vorschrift schützt auch die so gebildete *Koalition* selbst[10], erste Erweiterung des Inhalts des Grundrechts über seinen Wortlaut hinaus. Der

---

[5] Ist das Mitglied Amtsträger in der Betriebsverfassung, so sind dem aus seiner Verpflichtung zur gewerkschaftlichen Neutralität, § 75 BetrVG, Grenzen gesetzt. Wo diese zu ziehen sind, ist umstritten. Zur Zeit des BetrVG 1952 hat das BVerfG, AP Nr. 16 zu Art. 9 GG = E 28, 295 (1970), den Ausschluß eines Personalratsvorsitzenden aus dem Personalrat bestätigt, der auf den Arbeitnehmer (massiven) Druck zum Beitritt zu seiner Gewerkschaft ausgeübt hatte. 1972 trat, nicht zuletzt, um diese Entscheidung aus den Angeln zu heben, § 74 III BetrVG in Kraft, wonach aus der Übernahme eines Amtes eine Beschränkung der Tätigkeit für die Gewerkschaft (auch im Betrieb) nicht gefolgert werden darf. Andererseits enthält § 75 nach wie vor das Gebot gewerkschaftlicher Neutralität. Die Lösung liegt in der Mitte: je sichtbarer die Stellung des Arbeitnehmers als Amtsträger ist, um so stärker muß er sich bei der Betätigung für seine Gewerkschaft zurückhalten, vgl. Dietz-Richardi, BetrVG (6. Aufl. 1981/2), Bem. 72 ff. zu § 74 BetrVG; AR II 26 f., aber umstritten; immerhin besagt BVerfG, AP Nr. 31 zu Art. 9 GG = E 51, 77 (88) (1979), daß das Personalratsmitglied auch nach neuem Recht „Repräsentant *aller* Beschäftigten" (Unterstreichung im Original) ist.
[6] Vgl. BVerfG, AP Nr. 50 zu Art. 9 GG Arbeitskampf = E 38, 281 (303); Nr. 31 zu Art. 9 GG = E 51, 77 (88). – Zur Verweigerung von Streikarbeit s. BAG, AP Nr. 33 zu § 72a ArbGG 1979 Grundsatz; AR I 267 f.
[7] Vgl. BVerfG, AP Nr. 1 zu Art. 9 GG = E 4, 96 (Arbeitgeberverband); BAG, AP Nr. 3 zu § 2 TVG Tarifzuständigkeit = E 22, 295 (Gewerkschaft).
[8] Dazu Scholz, Handbuch aaO Nr. 18; AR II 64 f.
[9] BVerfG, AP Nr. 1 zu § 1 MitbestG = E 50, 290 (367); Maunz-Dürig-Herzog-Scholz, Bem. 3, 183 zu Art. 9, und Handbuch aaO Nr. 11; nur selten bestritten.
[10] Ob es sich bei der kollektiven Koalitionsfreiheit um ein eigenständiges Gruppengrundrecht – so die h. M. – oder nur um die Bündelung der einzelnen Rechte der Mitglieder – so namentlich Maunz-Dürig-Herzog-Scholz, Bem. 22 ff., 192 zu Art. 9, und Scholz, Handbuch des Staatsrechts VI § 155 Nr. 73 ff. – handelt, ist umstritten, hier

Verband kann mithin im eigenen Namen (und nicht nur als Vertreter seiner Mitglieder) Verfassungsbeschwerde erheben[11] oder alle anderen Ansprüche geltend machen[12].

c) In den Schutzbereich von Art. 9 III wird auch ein *„Kernbereich spezifisch koalitionsgemäßer Betätigung"* eingeschlossen, wie die stets wiederholte Formel lautet[13]. Dies geschieht im Rückblick auf die Anerkennung der typischen Betätigungen von Gewerkschaften und Arbeitgeber-Verbänden in der Weimarer Zeit. Ohne Gewährleistung eines solchen Tätigkeitsbereichs, so heißt es, würde die Mitgliedschaft im Verband leerlaufen und das Grundrecht damit ausgehöhlt. Was im einzelnen unter der spezifisch koalitionsgemäßen Betätigung zu verstehen ist, ist Gegenstand einer ganzen Reihe von Entscheidungen in wechselvoller Geschichte.

(1) Eine erste Aussage geht dahin, daß der Staat ein *Tarifsystem* zur Verfügung zu stellen hat[14], innerhalb dessen die Verbände ihre wichtigste Aufgabe, die Regelung der Arbeits- und Wirtschaftsbedingungen[15], erfüllen können. Im

---

aber nicht darzustellen; vgl. auch Stern III/1, 850 f.; AR II 9 f. – Welche Eigenschaften die Koalition vom Verein unterscheiden, ist seit langem durch Richterrecht, das überwiegend schon in der Weimarer Zeit entwickelt wurde, festgelegt, vgl. etwa BVerfG, AP Nr. 15 zu § 2 TVG = E 18, 18 (28), und die anderen Entscheidungen zum Koalitionsbegriff, dazu Kommentare zu Art. 9 und § 2 BetrVG; Maunz-Dürig-Herzog-Scholz, Bem. 193 ff. zu Art. 9, und Scholz, Handbuch VI § 151 Bem. 54 ff.; AR II 39 ff. Sie gehen nicht weniger ins einzelne wie jede gesetzliche Begriffsbestimmung; daß die Koalition nur „ein gesellschaftlicher Sachverhalt" sei – so Stern III/1, 851 – ist deshalb wohl kaum richtig, und auch kein Grund, Art. 9 III den Charakter einer Einrichtungsgarantie zu bestreiten.

[11] Vgl. BVerfG 4, 96 und 50, 290 (oben Anm. 7 und 9), unbestritten.

[12] Vgl. BAG, AP Nr. 49 zu Art. 9 GG = E 54, 353 (Feststellungsklage gegen Arbeitgeber); BGH, AP Nr. 1 zu § 12 BGB = BGHZ 43, 245 (Schutz des Namensrechts der Gewerkschaft); BGH, AP Nr. 1 zu § 50 ZPO = BGHZ 50, 325 (Klage aus ungerechtfertigter Bereicherung); Nr. 25 zu Art. 9 GG (– auf Unterlassung unwahrer Behauptungen); BAG, AP Nr. 14 zu Art. 9 GG = E 21, 201 (– – unlauteren Wettbewerbs) u. a. – Im rein zivilrechtlichen Bereich stellt man freilich auch heute noch darauf ab, ob der Verband juristische Person ist: mithin nach wie vor keine Vermögensfähigkeit (Grundbuchfähigkeit) einer im Vereinsregister nicht eingetragenen Gewerkschaft (nicht unbestritten).

[13] Vgl. BVerfG, AP Nr. 1 zu Art. 9 GG = E 4, 96 (101); Nr. 9 zu Art. 140 GG = E 57, 220 (246); E 67, 369 (377); BAG, AP Nr. 45 zu Art. 9 GG = E 53, 89 (93) und vielfach; Stern III/1, 848 ff.; AR II 10 ff.

[14] E 4, 96 (vor. Anm.). – Daß eine koalitionsgemäße Betätigung ein rechtlich ausgeformtes Tarifsystem voraussetzt, ist indessen nicht zwingend; das englische Beispiel zeigt, daß die Kollektivpartner ihre Angelegenheiten auch außerhalb strengen Rechts regeln können. Welches System im Enderfolg dem Arbeitnehmer besser dient, ist eine andere Frage.

[15] Der Inhalt dieses Begriffs ist streitig; er umfaßt erkennbar nicht nur die eigentlichen Lohn- und Arbeitsbedingungen, soll der Ausdruck „Wirtschaftsbedingungen" nicht umsonst geschrieben sein. Andererseits gibt es einen dem Tarifvertrag (nicht: den sonstigen Mitteln der Interessenwahrung, etwa durch Beeinflussung der Gesetzgebung usw.) unzugänglichen Bereich unternehmerischer Betätigungsfreiheit (vgl. oben zu II Anm. 16); die Grenze ist im Einzelfall schwer und nur ad hoc zu ziehen; vgl. Maunz-

V. Koalitionsfreiheit, Art. 9 III

TVG ist dies geschehen. Einzelheiten dieses Systems – etwa: Tariffähigkeit, Tarifbindung usw. – sind vom Gesetzgeber nach seinem Ermessen zu bestimmen[16]. Eine Ersetzung der Tarifautonomie etwa durch staatliche Lohnämter wäre ein Verstoß gegen Art. 9 III [17], freilich plant niemand dergleichen. Dagegen hindert die Vorschrift nicht die Entwicklung auch anderer Systeme der Beteiligung der Arbeitnehmer an der gemeinsamen Willensbildung, mithin einen Ausbau der Mitbestimmung, auch wenn die Betätigung der Koalitionen dadurch in Einzelheiten eingeengt wird[18].

(2) Die Koalitionen setzen sich ihre Ziele selbst. Wichtigste Aufgabe und raison d'être ist, wie gesagt, die *Wahrung und Förderung der Arbeits- und Wirtschaftsbedingungen*. Mit einem dichten Netz von Tarifverträgen – ihre Zahl beträgt pro Jahr rund 7000, insgesamt gelten zur Zeit etwa 32000 Tarifverträge nebeneinander – erfüllen sie eine staatspolitische, „öffentliche", Aufgabe von höchster Wichtigkeit. Ihnen ist die „Ordnung und Befriedung des Arbeitslebens" (BVerfG) anvertraut. Sie entlasten den Staat von dieser Aufgabe.

(3) Damit muß den Verbänden auch ein entsprechender Tätigkeitsbereich zur eigenverantwortlichen Ausfüllung verbleiben. Deshalb hat der Gesetzgeber, wie es mehrfach heißt, seine Regelungszuständigkeit „weit zurückgenommen"[19]. Andererseits besteht aber auch ein dichtes Netz staatlicher Regelungen der Arbeitsbedingungen, deren Gültigkeit niemand bestreitet[20]. Wo die Grenze im einzelnen zu ziehen ist, steht nirgends geschrieben, doch scheint sich hier die folgende Abgrenzung durchgesetzt zu haben: Der Kernbereich des Tarifvertrages, der ihm seinerzeit auch den Namen gegeben hat, nämlich *Lohn und Gehalt*, ist Vorbehaltsgut der Tarifpartner[21]. Lohngesetze, vergleichbar den Beamtenbesoldungsgesetzen, wären verfassungswidrig. Es gibt

---

Dürig-Herzog-Scholz, Bem. 256 ff. zu Art. 9; Scholz, Handbuch des Staatsrechts VI § 151 Nr. 93 ff.; Wiedemann-Stumpf, Tarifvertragsgesetz, Bem. 160 ff. Einleitung, und Wiedemann, RdA 1986, 231 ff.; für Auslegung im Zweifel zugunsten der Tarifmacht Kittner, AK-GG, Bem. 39 zu Art. 9.

[16] Scholz, Handbuch aaO Nr. 15. – Zur Einschränkung der Tariffähigkeit nach Maßgabe der Durchsetzungsfähigkeit des Verbandes vgl. BAG, AP Nr. 24 zu Art. 9 GG = E 29, 72 (81), und mehrfach, dazu AR II 47 ff. (s. auch unten Anm. 67).

[17] Stern III/1, 1275 f. unter Hinweis auf BVerfGE 64, 208 (216).

[18] So im Mitbestimmungsurteil, BVerfGE 50, 290 (371).

[19] Vgl. etwa BVerfG, AP Nr. 7 zu § 19 HAG = E 34, 307 (316); Nr. 1 zu § 1 MitbestG = E 50, 290 (367); BAG, AP Nr. 64 zu Art. 9 GG Arbeitskampf = E 33, 140 (149); in AP Nr. 23 zu Art. 9 GG = E 38, 281 (306) sagt das BVerfG, der Staat würde sich grundsätzlich „jeder Einflußnahme" enthalten, eine Formulierung, die freilich in dieser Allgemeinheit zu weit geht.

[20] Das heißt nicht, daß Zweifel niemals möglich wären. Es sei daran erinnert, daß bei Erlaß des Bundesurlaubsgesetzes umstritten war, ob der Gesetzgeber zur Regelung des Urlaubsrechts überhaupt noch zuständig war; ähnliche Zweifel im Zusammenhang mit der Befristung bei Erlaß des Beschäftigungsförderungsgesetzes.

sie nicht. Dahinter steht die Erkenntnis, daß es einen objektiven Maßstab für den „gerechten Lohn" nicht gibt, den situationsgebundenen gerechten Lohn dagegen niemand besser bestimmen kann als die unmittelbar Betroffenen selbst[22]; der Staat wäre mit dieser Aufgabe überfordert.

Dem entspricht es, daß die Ermächtigung zur Setzung von staatlichen Arbeitsbedingungen durch das Gesetz über die Mindestarbeitsbedingungen von 1951 das Fehlen tariflicher Regelbarkeit voraussetzt; von dem Gesetz ist auch noch nie Gebrauch gemacht worden. – Lohnleitlinien nach dem Stabilitätsgesetz 1967 sind nur Empfehlungen an die Tarifpartner, sie binden sie nicht[23], die Gewerkschaften haben sich auch selten an sie gehalten. – Auch die Figur des tarifdispositiven Gesetzes, Beispiele etwa §§ 13 BUrlG oder 622 III BGB, zeigt das Vertrauen des Gesetzgebers in die Regelungsfähigkeit der Tarifpartner. Die Rechtsprechung hat sie um das tarifdispositive Richterrecht ergänzt: richterrechtliche Konkretisierungen auch von Grundrechten (im gegebenen Fall: Art. 12) treten gegenüber abweichenden tariflichen Regelungen zurück, es sei denn, diese bilden einen „klaren Verstoß" gegen das Grundrecht. Tarifoffenes Gesetz wie Richterrecht beruhen auf der Überzeugung, daß der Tarifvertrag für eine Verschlechterung auf der einen Seite, also ein Zugeständnis der Gewerkschaft, an anderer Stelle einen Ausgleich gewährt (oder sich hier, wie bei den Kündigungsfristen, der den Tarifpartnern erteilte Ordnungsauftrag bewährt). Damit entfällt das Schutzbedürfnis des Arbeitnehmers und mit ihm der Ansatzpunkt für die Drittwirkung. Ob das im Einzelfall so ist, entzieht sich freilich einer Kontrolle durch das Gericht, nicht anders, wie ihm die Überprüfung der Zweckmäßigkeit der tariflichen Regelung versagt ist[24].

---

[21] Reichlich unbestimmt BVerfG, AP Nr. 15 zu § 5 TVG = E 44, 322 (340 f.), wo die „Lohn- und Arbeitsbedingungen" zur „Aufgabe" der Tarifpartner erklärt werden, deren Erfüllung freilich nur „in einem Kernbereich" garantiert ist, den sie „im wesentlichen" ohne staatlichen Einfluß regeln sollen.

[22] Vgl. das Zitat in BVerfG, AP Nr. 7 zu § 19 HAG = E 34, 317, unten Anm. 24. –

[23] Vgl. Scholz, Handbuch aaO § 151 Nr. 43 mit Nachweisen; Stern-Münch-Hansmeyer, Gesetz zur Förderung der Stabilität und des Wachstums der Wirtschaft (2. Aufl. 1973) 169; Löwisch, RdA 1969, 129 ff.

[24] Vgl. AR I 13, 25 und zum tarifoffenen Richterrecht BAG, AP Nr. 54 zu § 611 BGB Gratifikation = E 18, 217; Nr. 49 zu § 1 LohnFG (Betriebsrisikolehre); AR I 68 f. und Gamillscheg, RdA 1968, 407 ff. – Billigend Richardi, Festschrift Dietz (1973) 269 ff. (297). – Canaris, ebda. 199 ff. (212), hat das mißverstanden. Er vermag in den §§ 13 BUrlG usw. „auch nur einen Ansatz" für die Annahme, die Gerichte seien zur Kontrolle der tariflichen Bestimmungen nicht zuständig, nicht zu entdecken. Begreiflich: wäre die Dogmatik auf die Gebrauchsanweisungen angewiesen, die ihr vom Gesetz geliefert werden, es gäbe sie nicht. Das Prinzip, auf das sich die obige Deutung stützt, ist die (selbst gewählte) Subsidiarität staatlicher gegenüber eigenverantwortlicher Regelung; sie beruht auf der Einsicht, daß niemand den „gerechten Lohn" bestimmen könnte, vielmehr die „unmittelbar Betroffenen besser wissen und besser aushandeln können, was ihren beiderseitigen Interessen und dem gemeinsamen Interesse entspricht, als der demokratische Gesetzgeber", BVerfG, AP Nr. 7 zu § 19 HAG = E 34, 307 (317). Eine Versagung von Rechtsschutz bedeutet das, entgegen Canaris, nicht; seine Beschwörung, es handele sich um ein inhaltliches und nicht ein „Kompetenz"-Problem, rennt offene Türen ein. – Zu Parallelen im allgemeinen Verfassungsrecht vgl. Stern III/1, 613. – Art. 9 III zwingt den Gesetzgeber freilich nicht, sich auf die Regelung des unentziehbaren Sockels zu beschränken, vgl. Herschel, RdA 1973, 147 ff. (151),

V. Koalitionsfreiheit, Art. 9 III

Dieses Zurücktreten des Staates vor den Verbänden beruht auf der Überzeugung, daß die Tarifpartner einen gerechten Interessenausgleich herstellen. Diese Überzeugung von der *Richtigkeitsgewähr des Tarifvertrages*[24a] beruht wiederum auf dem Gleichgewicht der Kräfte zwischen Gewerkschaft und Arbeitgeber-Verband (unten e), das zwar schwer zu messen ist, dessen Bestehen jedoch durch die Praxis der letzten 40 Jahre bestätigt wird.

Wieweit diese *Subsidiarität staatlicher vor kollektiver Regelung* gilt und wie sie im einzelnen im Staatsgefüge verankert ist, ist freilich Gegenstand vieler Zweifel[25].

Der Gesetzgeber darf auch nicht auf andere Weise in die tarifliche Entgeltfindung eingreifen. In Zeiten der Krise wäre die Versuchung groß, gegen Lohnforderungen der Gewerkschaften, die man nach dem Zeugnis der Sachverständigen für überhöht hält, durch Gesetz einzuschreiten, das etwa die zulässige Tariflohnerhöhung auf einen bestimmten Prozentsatz begrenzt; auch dies wäre indessen ein Verstoß gegen Art. 9 III, es hat solche Versuche auch noch nie gegeben. Daß die für die staatliche Wirtschaftspolitik Verantwortlichen entsprechende Ermahnungen öffentlich aussprechen, steht natürlich auf einem anderen Blatt und gehört, entgegen mancher daran geäußerten Kritik, zu ihren selbstverständlichen Pflichten. Zur Zwangsschlichtung s. unten e a. E.

Rücksichtslose Durchsetzung eigener Verbandsinteressen zum Schaden der Wirtschaft und Wettbewerbsfähigkeit und der Erfüllung der allgemeinen Aufgaben des Staates (etwa: Lohnerhöhung im öffentlichen Dienst statt kostspieliger Maßnahmen für den Umweltschutz) wirft die Frage nach der Bindung der Tarifpartner an das Gemeinwohl auf. Sie wird vom BVerfG[26] ohne Umschweife bejaht, und die ausdrückliche Entbindung der kollektiven Mächte von der Wahrung des Gemeinwohls wäre auch schwer erträglich. Das Problem ist indessen mit einer so schlichten Formel nicht zu lösen. Extreme Fälle – Streik der Feuerwehrleute – vorbehalten, weiß niemand , was das Gemeinwohl konkret fordert. Mit der „Ordnung und Befriedung des Arbeitslebens" leisten die Tarifpartner den größten Beitrag hierzu überhaupt[27].

---

a. A. anscheinend Bleckmann 259, wie ja auch durch die zahlreichen unangefochtenen Bestimmungen bewiesen wird, wo das Gesetz dem Arbeitnehmer nicht nur ein Mindestmaß, sondern einen angemessenen Anteil sichert.

[24a] „Richtigkeitsgewähr" besagt: Ausgewogenheit im Sinne des Synallagma, nicht: Gemeinwohlverträglichkeit; das verkennt Isensee, in: Walter-Raymond-Stiftung, Bd. 24, Die Zukunft der sozialen Partnerschaft (1986) 159 ff. (178).

[25] Dazu nur Rupp, Handbuch des Staatsrechts I § 28 Nr. 51 ff.; Isensee, ebda. III § 57 Nr. 167; Scholz, ebda. VI § 151 Nr. 39.

[26] AP Nr. 23 zu Art. 9 GG = E 38, 281 (307); vgl. auch den Hinweis auf das „Wohl der gesamten Volkswirtschaft" in § 6 MontanmitbestimmungsG; zum Gemeinwohl Scholz, Handbuch des Staatsrechts VI § 151 Nr. 31 ff.; AR II 14 f.

[27] Das bezeugt allein die erwähnte eindrucksvolle Zahl von Tarifverträgen. Daß zuweilen überhöhte Forderungen durchgesetzt werden, kann nicht zur Folge haben, daß jede etwa über die Orientierungsdaten hinausgehende Tarifforderung bereits

Zum Vorbehaltsgut der Tarifautonomie gehört auch die Frage, für welche Arbeitnehmer-Gruppen Tarifverträge geschlossen werden. Vorbehaltlich krasser Fälle ist es der Rechtsprechung versagt, den persönlichen Geltungsbereich des Tarifvertrags unter Berufung auf Art. 3 I auf die ausgeschlossene Arbeitnehmer-Gruppe auszudehnen[28].

(4) Im übrigen teilen sich Tarifautonomie und *staatliche Regelung* das breite Feld der Arbeitsbedingungen. Gesetze zum Schutz des Lohnes, etwa im Konkurs, sind ebenso unangefochten, wie die Regelungen von Urlaub, Arbeitszeit oder vielem anderen. Dabei beschränkt sich das Gesetz vielfach auf die Gewährleistung eines Mindeststandards, auf dem die Tarifverträge dann aufbauen. Ob das Gesetz tarifliche Verbesserungen untersagen kann, wird, wenn ich nichts übersehe, nicht erörtert; extreme Lagen vorbehalten, dürfte die Frage im Bereich des eigentlichen Lohns zu verneinen sein, nicht anders, wie nach allgemeiner Ansicht die Tarifnorm nicht als Höchstarbeitsbedingung ausgestaltet werden kann.

Auch die *staatliche Sozialpolitik* bedient sich des Tarifvertrages zur Förderung ihrer Ziele, Beispiele sind etwa die Vermögensbildung oder der Abbau der Arbeitslosigkeit durch den Vorruhestand[29]. Insofern ist den Tarifpartnern, wie das BVerfG vielfach betont, nicht „von Verfassungs wegen ein inhaltlich unbegrenzter und unbegrenzbarer Handlungsspielraum eingeräumt"[30]; vielmehr ist es Sache des Gesetzes, das gegenseitige Verhältnis im einzelnen auszugestalten, und er kann von den Tarifpartnern verlangen, seine Sozialpolitik nicht zu durchkreuzen. Verbietet das Gesetz im Interesse der Festigkeit der Währung Anpassungsklauseln in Tarifverträgen, wie sie in anderen Ländern zur Zerrüttung der Währung beigetragen haben, so steht dem Art. 9 III nicht entgegen[31]. Soll die Arbeitslosigkeit durch die Erleichterung des Abschlusses

---

gemeinwohlschädlich und damit rechtswidrig wäre. Man darf sich durch das oft wüste Feldgeschrei einiger Gewerkschaften nicht beirren lassen, die in der Tat nicht gerade das Bild verantwortungsvoller Wächter über das Gemeinwohl bieten. Für weitergehende Eingriffsmöglichkeiten des Staates, wenn das Koalitionsverfahren nicht mehr „funktioniert", Scholz, Handbuch VI § 151 Nr. 19 f.; Isensee, ebda. III § 57 Nr. 168.

[28] Vgl. BAG, AP Nr. 4 zu Art. 3 BAT = 48, 307 (311) (Ausschluß der Lektoren aus dem Bundes-Angestellten-Tarifvertrag); Bedenken gegen diese „Freiheit zur Untätigkeit" bei Wiedemann-Lembke, Anm. AP ebda.

[29] Das Ineinandergreifen von Gesetz und Tarifvertrag beim Vorruhestand hat praktische Auswirkungen. So war der tarifliche Anspruch auf Entlassung in den Vorruhestand nicht, wie sonst bei den Inhaltsnormen, § 1 TVG, auf die Mitglieder der vertragsschließenden Gewerkschaft beschränkt; denn die Bundesanstalt hatte dem Arbeitgeber rund ein Drittel seiner Aufwendungen erstattet, wenn der Arbeitsplatz wieder besetzt und die Arbeitslosenversicherung damit entlastet wurde. Die Bundesanstalt finanziert sich indessen aus Beiträgen der Arbeitgeber und aller Arbeitnehmer, ihr Geld konnte deshalb nicht für Gewerkschaftsmitglieder allein verwendet werden, dazu (im Ergebnis übereinstimmend) BAG, AP Nr. 47 zu Art. 9 GG = E 54, 113, und Gamillscheg, BB 1988, 555.

[30] Vgl. BVerfG, AP Nr. 1 zu § 1 MitbestG = E 50, 290, 368; Stern III/1, 850 Anm. 492.

[31] A. A. Kittner, AK-GG, Bem. 65 zu Art. 9; zweifelnd Hagemeier-Kempen-Zachert-Zilius, Tarifvertragsgesetz, Bem. 46 f. zu § 1 TVG.

V. Koalitionsfreiheit, Art. 9 III

befristeter Arbeitsverträge bekämpft werden, wie dies das Ziel des Beschäftigungsförderungsgesetzes ist, so kann der Gesetzgeber Tarifverträge für nichtig erklären, die die Befristung im Gegenteil erschweren. Ob die Arbeitslosigkeit in dieser Weise abgebaut werden kann, mag streitig sein, doch ist dem Gesetzgeber ein entsprechender Voraussagespielraum vorbehalten.

Das Gesetz über befristete Arbeitsverträge mit wissenschaftlichem Personal an Hochschulen und Forschungseinrichtungen von 1985 schließt den Abschluß von günstigeren, die Befristung erschwerenden Tarifverträgen aus, der Günstigkeitsgrundsatz, § 4 III TVG, kommt hier mithin nicht zum Zuge. Die Vorschrift will sicherstellen, daß die Ausbildungsstellen für den wissenschaftlichen Nachwuchs in angemessener Zeit wieder freigemacht werden, ein für die Allgemeinheit wichtiges politisches Interesse (oben III 1 a). Dennoch gibt es Stimmen, die die Zulässigkeit dieser Einschränkung bezweifeln[32]. Das BFG selbst hat günstigere Tarifverträge für die Zukunft nicht untersagt. Ältere Tarifverträge, die die einengende Rechtsprechung des BAG zur Befristung übernommen hatten, haben dagegen mit Inkrafttreten des Gesetzes ihre Geschäftsgrundlage verloren[33].

(5) Der Staat hat sich der Schaffung von staatlichen oder halbstaatlichen Einrichtungen zu enthalten, die den Verbänden auf ihrem ursprünglichen Tätigkeitsfeld Wettbewerb machen würden, wie das für andere als die *Arbeitnehmer-Kammern* im Saarland und in Bremen ausgesprochen wurde. Auch das hat man aus Art. 9 III abgeleitet[34].

Die wohl stärkste Beeinträchtigung der Tätigkeit der Gewerkschaften für ihre Mitglieder sind freilich die Betriebsräte; hier ist die Entwicklung unumkehrbar, und niemand plant deren Ersetzung durch gewerkschaftliche Vertrauenskörper o. ä.[35]. Anders die Entwicklung in den Vereinigten Staaten, wo es die Gewerkschaften verstanden haben, gewerkschaftsfreie Betriebsräte zu unterbinden. Inzwischen sind die Dinge freilich auch dort im Fluß, die Gewerkschaften in die Verteidigung geraten; namentlich die Entwicklung sog. Qualitätszirkel wirkt sich im Sinne der gefürchteten unmittelbaren partnerschaftlichen Zusammenarbeit zwischen Betriebsleitung und Arbeitnehmern aus.

d) Art. 9 III schützt die Verbände auch in der Drittrichtung. Die eigentliche *Drittwirkungsklausel* des S. 2 hat freilich verhältnismäßig geringe Bedeutung; in rechtlich faßbarer Weise werden die Gewerkschaften heute von der anderen Seite kaum mehr bekämpft, „schwarze Listen" usw. gehören der Vergangenheit an[36].

---

[32] Vgl. etwa Kempen, NZA 1985, 577 ff.; für Gültigkeit Buchner, RdA 1985, 258 ff.

[33] A. A. BAG, AP Nr. 1 zu § 1 BeschFG 1985 = E 56, 155.

[34] Vgl. BVerfG, AP Nr. 23 zu Art. 9 GG = E 38, 281. – Vom Schutz vor Aushöhlung durch Zuweisung von Aufgaben der Koalitionen an andersartige Zusammenschlüsse spricht auch BVerfG, AP Nr. 24 zu § 2 TVG = E 20, 312.

[35] Zu den Spannungen zwischen Gewerkschaft und Betriebsrat vgl. AR II 242 ff.

[36] Immerhin vgl. BAG, AP Nr. 49 zu Art. 9 GG = E 54, 353; auch eine auf Gewerkschaftsmitglieder beschränkte Aussperrung würde S. 2 verletzen, BAG, AP Nr. 66 zu Art. 9 GG Arbeitskampf = E 33, 115 (202). – Die positive wie die negative Koalitionsfreiheit wird dann bedroht, wenn der Arbeitgeber einen unziemlichen Druck ausübt,

Adressaten des Art. 9 III S. 2 sind auch dritte Personen, etwa andere Arbeitnehmer (Druck zur Kündigung eines Mitglieds einer Konkurrenzgewerkschaft) oder Geschäftsfreunde des Arbeitgebers; ob auch andere Gewerkschaften, ist umstritten. Wieweit sich eine ähnliche Ausdehnung des Adressatenkreises auf Dritte bei den anderen Grundrechten mit Drittwirkung findet, wäre eine eigene Untersuchung wert.

Die Rechtsprechung hat Art. 9 III S. 1 aber auch Ansprüche der Gewerkschaft gegen den Arbeitgeber auf *Duldung* solcher Betätigungen entnommen, die für Bestand und Entwicklung der Gewerkschaft „*unerläßlich*" sind, und dabei den Arbeitgeber nicht unzumutbar belasten. Was hierher gehört, ist Gegenstand einer längeren Reihe von Entscheidungen.

(1) Am Anfang steht die Aussage, daß der Arbeitgeber die *Werbung* der Gewerkschaft vor Betriebsratswahlen (Personalratswahlen) im Betrieb durch gewerkschaftsangehörige Arbeitnehmer für die von der Gewerkschaft unterstützte Liste dulden muß. Hausrecht und Eigentum am Betrieb treten demgegenüber zurück[37]. Das Recht zur Werbung wurde alsdann auch ganz allgemein, also unabhängig von bevorstehenden Wahlen, wenn auch inhaltlich nicht unbegrenzt (keine Störung der Arbeit, kein wildes Plakatieren, Beschränkung auf Themen, die den Betrieb betreffen – Stellungnahmen zur Abtreibung oder Raketenstationierung sind Äußerungen der allgemeinen Meinungsfreiheit, nicht der Koalitionsfreiheit –, keine Beschimpfung von Arbeitgeber, Aussenseitern oder anders organisierten Arbeitnehmern) anerkannt[38].

BVerfG und BAG bezeichneten die Werbung im Betrieb für die Gewerkschaft als „erforderlich", später „unerläßlich"; das hatte bei Großorganisationen wie etwa der IG Metall immer schon nicht recht überzeugt. Das eigentliche Schlüsselwort in AP Nr. 10 ist aber die Aussage, Gegeninteressen des Arbeitgebers, die Verlautbarungen der Gewerkschaft (die in diesem Fall jahrelang geduldet worden waren) zu unterbinden, seien „bei Abwägung der beiderseitigen Belange" (E 19, 225) nicht zu erkennen. Es geht mithin auch hier um die faire Abwägung, die „praktische Konkordanz".

---

damit der Arbeitnehmer die ihm erwünschte Gewerkschaft unterstützt; für Frankreich eine nicht unbekannte Erscheinung, dazu Frossard, Droit du Travail 1989, Février, 1 ff. – Maßnahmen, die die Gewerkschaftsarbeit nur objektiv behindern, ohne daß hinter ihnen ein gewerkschaftsfeindliches Motiv steht, sind dagegen zulässig, wenn die Betriebsinteressen bei der gegenseitigen Abwägung den Vorzug verdienen, man denke an die Entsendung eines Montagearbeiters, durch die die Vertrauensarbeit gestört wird. Auch hier gilt der Grundsatz der Verhältnismäßigkeit; dem Arbeitgeber ist grundsätzlich eine nicht lästige Umorganisation, nicht dagegen die Übernahme größerer Kosten oder gar der Verzicht auf die Erfüllung der Produktionsaufgabe zumutbar.

[37] BVerfG, AP Nr. 7 zu Art. 9 GG = E 19, 303 (319 ff.) (1965); vgl. auch AP Nr. 1 zu § 48 LPVG Bremen = E 60, 162 (170).

[38] BAG, AP Nr. 10 zu Art. 9 GG = E 19, 217; Maunz-Dürig-Herzog-Scholz, Bem. 251 zu Art. 9; Däubler, Gewerkschaftsrechte im Betrieb (5. Aufl. 1987) §§ 11 - 13; AR II 19 ff.

V. Koalitionsfreiheit, Art. 9 III

(2) In der späteren Zeit hat sich die Bereitschaft, gewerkschaftliche Wünsche als „unerläßlich" anzusehen, merklich verringert. Die Abhaltung der Wahl der Vertrauensleute im Betrieb in der Pause[39] oder die Anbringung des Gewerkschaftsabzeichens auf dem firmeneigenen Helm[40] wurden nicht als „unerläßliche" Betätigung anerkannt. Mit der Abwägungsformel wäre den Klagen dagegen stattzugeben gewesen. Die neue Sicht der Unerläßlichkeit hat den Entscheidungen zur Werbung den Boden entzogen, auch wenn dies nicht zugegeben wird.

Auch ein aus Art. 9 III unmittelbar abzuleitendes Recht des betriebsfremden gewerkschaftlichen Beauftragten, den Betrieb zu betreten, wurde verneint[41].

Das BVerfG begründet dies überraschend mit dem Hinweis, in diesem „konfliktträchtigen" Gebiet gebühre die Entscheidung dem Gesetzgeber: eine Aussage, die die Rechtsprechung zur Werbung ebenfalls praktisch aus den Angeln hebt[42]. Dem Gericht war aber im Ergebnis deshalb zuzustimmen, weil der Gesetzgeber das Zugangsrecht in § 2 II BetrVG bereits geregelt, Art. 9 III entsprechend in diesem Sinn einengend konkretisiert hatte; sah BAG, AP Nr. 26 aaO, darin einen Verstoß gegen Art. 9 III, so hätte es vorlegen müssen.

e) Im Rahmen der allgemeinen Gesetze, insbesondere der Strafgesetze[43], sind die Tarifpartner in der Wahl ihrer Mittel grundsätzlich frei. Hier steht der *Arbeitskampf* im Vordergrund.

Art. 9 III enthält allerdings keine ausdrückliche Gewährleistung von Streik und Aussperrung.

Über eine Streikgarantie wurde im Parlamentarischen Rat lange verhandelt; ihre Aufnahme unterblieb schließlich, weil man sich über die Einzelheiten nicht einig werden konnte[44]. – Art. 9 III S. 3 spricht zwar vom Arbeitskampf, bezieht sich aber nur auf den Notstandsfall und läßt die Frage für den Normalfall ungeregelt.

Eine Gewährleistung ergibt sich aber aus allgemeinen Überlegungen zur Tarifautonomie: ihre Aufgabe ist es, für faire Arbeitsbedingungen zu sorgen, die es dem Staat erlaubt, sich insoweit von der Verantwortung zurückzuziehen (oben c (3)). Ein faires Ergebnis ist aber nur zu erwarten, wenn sich die Tarifpartner am Verhandlungstisch in gleicher Stärke gegenübersitzen *(Waffen-*

---

[39] BAG, AP Nr. 28 zu Art. 9 GG = E 31, 166 (1978).
[40] BAG, AP Nr. 30 zu Art. 9 GG = E 31, 318; zur Kritik AR II 25.
[41] BVerfG, AP Nr. 9 zu Art. 140 GG = E 57, 220 (246); BAG, AP Nr. 26 zu Art. 9 GG = E 30, 122, hatte das Zugangsrecht dagegen bejaht; dazu AR II 28 ff.
[42] Nicht nur sie: auch die Einschränkung der Tariffähigkeit durch das Merkmal der Durchsetzungsfähigkeit (unten Anm. 67) bewegt sich in einem „konfliktträchtigen" Gebiet, nicht zu reden vom Arbeitskampf!
[43] Man denke an die Betriebsbesetzung, die zu Unrecht immer häufiger zum erlaubten Kampfmittel erklärt wird.
[44] Rüthers, Streik und Verfassung (1960); AR II 146 f.

gleichheit, Kampfparität) [45]. Ihre Ausgangslage ist indessen ungleich: die Arbeitgeber-Seite verfügt über das Eigentum an den Produktionsmitteln (und wird darin durch Art. 14 geschützt) und damit über die Erträge der gemeinsamen Arbeit. Ihr Übergewicht ist nur dann ausgeglichen, wenn die Arbeitnehmer mit dem kollektiven Entzug der Arbeit, also dem Streik, drohen können, wobei es nicht darauf ankommt, daß viel gestreikt wird – was in der Bundesrepublik glücklicherweise nicht der Fall ist –, sondern, daß gestreikt werden könnte. Gäbe es den Streik nicht, wären die Forderungen der Gewerkschaft nur ein „kollektives Betteln" (BAG). So ist der Streik für das Funktionieren der Tarifautonomie unverzichtbar, er hat damit Teil an der Tätigkeitsgarantie des Art. 9 III[46]. Der Arbeitskampf ist Wettbewerb, nicht Krieg oder Fehde, Ausdruck der auf die kollektive Ebene angehobenen und damit wiederhergestellten Vertragsfreiheit[47]. Ein gesetzliches oder behördliches Streikverbot wäre unwirksam; Aufmerksamkeit verdient in dieser Beziehung aber auch die einstweilige Verfügung, mit der das Gericht einen Streik unterbindet, in der Vergangenheit wurde hiervon nicht immer ein behutsamer Gebrauch gemacht. Die *Aussperrung* genießt den Schutz der Verfassung nur insoweit, als man auf sie nicht verzichten kann, um einem Übergewicht der Arbeitnehmer-Seite entgegenzutreten, das seinerseits die Waffengleichheit zerstören würde. Ansatzpunkt hierfür ist vor allem der Schwerpunktstreik, der das einzelne Unternehmen aus der Abwehrfront herausbrechen will[48].

Damit ist der Arbeitskampf nur insoweit verfassungsrechtlich abgesichert, als er der Tarifautonomie dient, also von einer Koalition zur Durchsetzung eines Tarifvertrages um die Arbeits- und Wirtschaftsbedingungen geführt wird, und dies auch nur, soweit er

---

[45] Wie diese Parität zu bestimmen ist, ist wiederum überaus schwierig und unklar, dazu AR II 154 ff. – Ein anderes Problem betrifft die Interessen der Außenseiter, für die die Vermutung der Ausgewogenheit nicht immer gelten muß (auch wenn die Außenseiter, immerhin die große Mehrheit der Arbeitnehmer, bisher von der Tarifautonomie sehr viel mehr Vorteile als etwaige Beeinträchtigungen erfahren haben). Verletzungen von Grundrechten der Außenseiter durch Überwirkungen des Tarifvertrages können diese vor Gericht bekämpfen; darüber hinaus eine allgemeine Inhaltskontrolle einzuführen, wie dies Schüren, AuR 1988, 245 ff., vor Augen steht, wäre dagegen ein Übermaß.

[46] Vgl. BAG, AP Nr. 64 und 65 zu Art. 9 GG Arbeitskampf = E 33, 140, 185; AR II 146 ff.

[47] Die Verwechslung mit dem Krieg ist auch heute noch häufig, man vergleiche die markigen Worte des Großen Senats, AP Nr. 1 zu Art. 9 GG Arbeitskampf = E 1, 291 (311): „Streik ist Kampf". Zu dem Mißverständnis trägt freilich das kriegerische Gebaren bei, daß die Beteiligten in „Kampfzeiten" in der Öffentlichkeit an den Tag zu legen pflegen; in Fernseherklärungen etwa dröhnt es nur so von starken Worten, die glauben machen, Entscheidungsschlacht und Heldentod einerseits, der Untergang des Abendlandes andererseits stünden unmittelbar bevor. Man möchte sich hier weniger Verbissenheit und eine nüchternere Sprache wünschen!

[48] Umstritten; von Gewerkschaftsseite wird seit langem ein gesetzliches Verbot der Aussperrung verlangt; andererseits sieht Scholz, Handbuch VI § 151 Nr. 117 f., ohne weiteres auch die Aussperrung als verfassungsrechtlich garantiert an. Die Äußerungen der Rechtsprechung sind uneinheitlich, AR II 148.

V. Koalitionsfreiheit, Art. 9 III

unerläßlich ist, die ultima ratio[49] darstellt, Ausdruck des Verhältnismäßigkeitsgrundsatzes. Der wilde Streik hat an der Garantie ebensowenig Anteil wie der politische Streik. Sie sind freilich nicht deshalb per se rechtswidrig; sie vermögen nur nicht Normen des Zivilrechts außer Kraft zu setzen (davon sogleich).

Der durch Art. 9 III geschützte Arbeitskampf ist *Rechtfertigungsgrund* für die Nichterfüllung der Pflichten aus dem Arbeitsvertrag – Arbeitspflicht, Lohnzahlungspflicht – und für die gezielte Schädigung des Kampfgegners, wo diese den Tatbestand des § 823 BGB erfüllen würde. Es ist das der einzige Fall, in dem die Rechtsordnung außerhalb von Notwehr und Notstand Selbsthilfe zur Durchsetzung der eigenen Ziele gestattet: notwendigerweise, auch wenn niemand einen Arbeitskampf leichtfertig entfesseln wird, denn es fehlt für den Streit um die Arbeitsbedingungen an einem anderen Regelungsmechanismus. Den Arbeitskampf verabschieden hieße, die Verantwortung wieder dem Staat zu übertragen.

Strafbare Handlungen werden, wie erwähnt, von der Rechtfertigung nicht umfaßt; die Betriebsbesetzung etwa ist rechtswidriger Hausfriedensbruch und damit kein taugliches Mittel des Arbeitskampfes. Dem wird entgegengehalten, daß in den Anfängen der Entwicklung auch der Streik als strafbare Erpressung angesehen wurde. Der Vergleich geht indessen fehl. Der Streik entspricht auf der kollektiven Ebene dem, was auf der Ebene des Arbeitsvertrages die Änderungskündigung (Drohung mit dem Weggang) ist: was der Einzelne darf, wird aber nicht dadurch zum Unrecht, daß er dies (in der Organisationsform des Streiks) zusammen mit anderen tut. Eine Besetzung des eigenen Arbeitsplatzes ist indessen auch dem einzelnen Arbeitnehmer niemals gestattet gewesen.

Das Gleichgewicht am Verhandlungstisch würde auch verletzt, könnte der Staat sich auf der einen Seite in den Streit einmischen. Notwendige Absicherung der Tarifautonomie ist mithin das Gebot der *Neutralität des Staates*[50]. § 116 I AFG drückt dies aus; die Gewährung oder Vorenthaltung von Arbeitslosen-(Kurzarbeiter-)Geld darf nicht in Arbeitskämpfe eingreifen[51]. Die Neutralität des Staates verbietet schließlich auch, Extremfälle vorbehalten, die

---

[49] Vgl. AR II 141 ff. (152). Aus dem ultima-ratio-Grundsatz folgt auch, daß die Tarifpartner sich als Partner verstehen und ihre Aufgabe ohne vermeidbare Reibungsverluste erfüllen; daraus folgt wiederum ihre Pflicht, mit der Gegenseite Verhandlungen in guten Treuen zu führen, jedenfalls nicht grundsätzlich abzulehnen und diese damit zu Anerkennungsstreiks zu zwingen; a. A. allerdings die h. M., vgl. BAG, AP Nr. 5 zu Art. 9 GG = E 14, 282; Nr. 1 zu § 1 TVG Verhandlungspflicht = E 36, 131; Scholz, Handbuch aaO Nr. 68. „To bargain in good faith" ist beiderseitige Grundverpflichtung der Kollektivmächte in den Vereinigten Staaten und seit 1982 auch gesetzliche Pflicht in Frankreich. Selbstverständlich bedeutet das keine Pflicht, die Forderungen der Gegenseite auch zu erfüllen. – Gegen die Erhöhung der Sozialpartnerschaft auf eine verfassungserhebliche Ebene Scholz aaO Nr. 41.

[50] Vgl. Scholz aaO Nr. 44, der den Staat jedoch zum Eingriff ermächtigt und verpflichtet, wenn die Aufrechterhaltung der Funktionsfähigkeit der Tarifautonomie dies erfordert.

[51] Die Turbulenzen um diese Bestimmung sind noch in jedermanns Erinnerung, dazu AR I 273 ff.

Zwangsschlichtung[52]. Die Tarifpartner haben ihren Kampf allein auszufechten und können sich nicht darauf verlassen, daß im entscheidenden Augenblick der staatliche Schlichter schon zu Hilfe eilt. In der Weimarer Zeit hat die Zwangsschlichtung, von den Gewerkschaften anfangs begrüßt, die Tarifautonomie außer Funktion gesetzt, bevor sie noch 1933/34 endgültig beseitigt wurde. Zwangsschlichtung ist „eine Einladung zur Verantwortungslosigkeit"[53].

f) Die unter a) bis e) geschilderte Ableitungskette vom Koalitionsrecht des Einzelnen über die Koalitionsfreiheit des Verbandes selbst, die Eigenschaften, die die Koalition vom Verein unterscheiden (etwa: Gegnerfreiheit[54], Kampfbereitschaft, Durchsetzungskraft, um nur einige zu nennen[55]), die Erstreckung der grundrechtlichen Gewährleistung auf die spezifisch koalitionsgemäße Betätigung zur Verwirklichung und Absicherung[56] der selbstgesteckten Ziele (Tarifautonomie) und zur Wahrung der eigenen Interessen (Werbung), über die Verfassungswidrigkeit der Errichtung neuer Arbeitnehmer-Kammern bis hin zur Verdrängung des Gesetzgebers aus der Regelung von Lohn und Gehalt, der Befreiung der Verbände von der Einhaltung elementarer Normen des Zivilrechts im Arbeitskampf, der Reglementierung von Streik und Aussperrung bis hin zu den Einzelheiten des Warnstreiks[57], dem Verbot der Zwangsschlichtung selbst bei ruinösen Arbeitskämpfen und der Verfassungswidrigkeit von Zahlungen der Bundesanstalt für Arbeit an Arbeitnehmer, die am Arbeitskampf nicht beteiligt sind: alles das und noch viel mehr[57a] aus Art. 9 III herauszulesen, wie es die unangefochtene Meinung tut, ist freilich verwegen. Die Regeln der Methodenlehre bleiben auf der Strecke, wo hätte all das, wie es immer wieder gefordert wird, eine „Andeutung im Wortlaut" gefunden[58]? Die h. M. zieht diese Folgerungen, weil die Koalitionen

---

[52] Scholz aaO Nr. 112, allgemeine Meinung.

[53] Krüger, Staatslehre (2. Aufl. 1966) 396 Anm. 63; für die Weimarer Zeit vgl. Huber, Deutsche Verfassungsgeschichte seit 1789 VI (1981), 1136 ff. – Die Schlichtungsordnung der Chemischen Industrie kennt sogar keinen neutralen Schlichter, keine Seite soll „auf das erlösende Wort warten" dürfen, so Esser, Festschrift Molitor (1988) 104.

[54] Erinnert sei etwa an die These, daß Vereinbarungen über den Abzug des Gewerkschaftsbeitrags durch den Arbeitgeber nichtig sind, weil sie die Gewerkschaft in Abhängigkeit von der anderen Seite bringt, dazu AR II 45 f.

[55] Nach Ansicht von Scholz aaO Nr. 18 ist der Koalitionsbegriff „in seinen wichtigsten Strukturelementen von Art. 9 III vorgegeben".

[56] Erinnert sei an die These, daß das Mitbestimmungsgesetz gegen Art. 9 III verstoße, weil bei paritätischer Zusammensetzung des Aufsichtsrats der Arbeitgeber-Verband seine Kampffähigkeit verliere, dazu AR II 517 ff.

[57] Vgl. dazu Herzog, in: Das Recht in einer freiheitlichen Industriegesellschaft, Veröffentlichungen der Walter-Raymond-Stiftung, Bd. 26 (1988) 47.

[57a] Z. B. Bildung eines „Rechtssetzungsakts eigener Art zwischen autonomer Regelung und staatlicher Rechtssetzung" (Allgemeinverbindlicherklärung), so BVerfGE 44, 322 = AP Nr. 15 zu § 5 TVG, dazu AR II 139.

V. Koalitionsfreiheit, Art. 9 III

sonst ihren Daseinszweck verfehlen würden; die Koalition ist indessen ebensowenig Selbstzweck wie jeder andere, nach Art. 9 I geschützte Verein. Die Erklärung ist vielmehr eine andere, die h. M. vertauscht Ursache und Wirkung: Art. 9 III ist nicht die causa[59] der Tarifautonomie, sondern umgekehrt notwendige Ableitung aus ihr. Ausgangspunkt ist eine *ungeschriebene,* von allseitigem Konsens getragene *Verfassungsnorm, daß Tarifautonomie,* also die staatsfreie kollektive Regelung der Lohn- und Arbeitsbedingungen, *sein soll.* Aus ihr leitet sich alles andere, bis hin zur allein ausdrücklich geschriebenen Garantie der Bildung der Koalition durch den Einzelnen, ab. Die Bundesrepublik ist ein sozialer Rechtsstaat. Die Arbeitsbedingungen können nicht mehr, wie vor 100 Jahren, der Bestimmung durch den Arbeitsvertrag überlassen bleiben, der einen gerechten Interessenausgleich nicht herzustellen vermag (oben II 3 a). Zur Sicherung eines fairen Anteils der Arbeitnehmer am gemeinsam erarbeiteten Gewinn gibt es nur zwei Wege: die Wiederherstellung des Gleichgewichts zwischen Kapital und Arbeit durch entsprechende Vorkehrungen auf kollektiver Ebene oder die Regelung der Arbeitsbedingungen durch den Staat, d. h. durch entsprechende Behörden. Die staatliche wäre die schlechtere Lösung: sie würde ein Heer von Beamten erfordern, die doch niemals den gleichen Sachverstand und die gleiche Interessiertheit wie die unmittelbar Beteiligten hätten[60]; und wo der Staat die Verantwortung übernimmt, wird er zum Gegner der jeweils anderen Seite, jeder Streik kann zum Aufruhr werden, wie die Beispiele aus vielen Ländern zur Genüge beweisen[61].

Der Satz „Es soll Tarifautonomie sein" ist damit zugleich ein Auftrag[62] an die Verbände (hinter dem freilich kein staatlicher Zwang steht[63]), diese Aufgabe auch, und zwar mit den geringsten Reibungsverlusten, also in partnerschaftlicher Gesinnung, zu erfüllen[64]. Nur deshalb ist es gerechtfertigt, die Koalitionen in der Weise herauszuheben, wie das geschieht, ihren Vereinbarungen Normencharakter und ihrem Kampf Rechtmäßigkeit zu verleihen.

---

[58] Zur Notwendigkeit einer Andeutung im Wortlaut vgl. Bleckmann 77 f.; Herzog (Anm. 57) 26; BAG, GS, AP Nr. 14 zu § 611 Beschäftigungspflicht = E 48, 122 (137) („. . . in den Grenzen des möglichen Wortsinns . . .").

[59] Stern III/1, 767.

[60] Vgl. Schlemmer, Festschrift Molitor (1988) 309 ff. (321); Esser ebda. 99 ff.; oben Anm. 24.

[61] In dem Bestreben, den Staat fernzuhalten, sind sich Arbeitgeber und Gewerkschaften, selten genug, einig, vgl. Erdmann, ZfA 1980, 417 ff.

[62] Scholz aaO Nr. 33.

[63] Immerhin sagt BAG, AP Nr. 8 zu § 1 TVG Form = E 40, 327 (342), im Zusammenhang mit der sog. dynamischen Verweisung, den Tarifpartnern sei „verboten", ihre Normsetzungsbefugnis im Kernbereich aufzugeben. Bei der Übertragung der Verantwortung für die konkrete Gestalt der betrieblichen Arbeitszeit auf die Betriebspartner durch die neuen Tarifverträge zur Verkürzung der Arbeitszeit, dazu AR I 167, kommen wir einem solchen „Aufgeben" schon reichlich nahe; kritisch dazu Kissel, NZA 1986, 73 ff.

[64] Deshalb auch die Verhandlungspflicht, oben Anm. 49.

Grundlage der Auslegung ist mithin eine auf die Aufgaben bezogene, institutionelle Sicht der Koalitionsfreiheit[65].

Dieser Auftrag ist auch grundsätzlich für alle Arbeitnehmer zu erfüllen und wird dies in der Rechtswirklichkeit auch, auch wenn § 3 TVG die unmittelbare Wirkung der Tarifnormen auf die Mitglieder der vertragschließenden Verbände beschränkt (oben III Fn. 76). Tatsächlich bildet das Tarifrecht jedoch, wie nicht nachgewiesen zu werden braucht, praktisch das Arbeitsrecht für alle, wird doch bei Abschluß des Arbeitsvertrages regelmäßig auf den jeweiligen Tarifvertrag verwiesen. Auf dieser Erscheinung baut das gesamte kollektive Arbeitsrecht auf, erinnert sei nur an die Zulässigkeit der Aussperrung nicht organisierter Arbeitnehmer. Eine starke Strömung im Schrifttum beschränkt jedoch den Auftrag aus der Tarifautonomie grundsätzlich auf die Mitglieder; nur sie hätten dem Verband die Legitimation zur Normsetzung erteilt. Unterstützung findet diese Ansicht auch in Äußerungen des Bundesverfassungsgerichts[66].

Andererseits bleibt die Koalitionsfreiheit jedoch auch ein individuelles Freiheitsrecht. Das Grundgesetz kennt keine Einheitsgewerkschaften und anerkennt die öffentlich-rechtlichen Zwangsverbände nicht als Koalitionen. Ob nun bei der Auslegung und Lückenfüllung das institutionelle oder das freiheitliche Verständnis des Ganzen das Übergewicht verlangt, für den entscheidenden Richter oft eine Gratwanderung, hängt vor allem von dem Einfluß ab, den das tarifliche Geschehen auf Wirtschaft und Gesellschaft auszuüben vermag. Für einen bundesweiten Streik um die Einführung der 35-Stunden-Woche, entgegen der Warnung aller Fachleute, gilt anderes als für einen örtlichen Tarifvertrag aus vorübergehendem Anlaß[67].

Den Auftrag zur Ordnung und Befriedung des Arbeitslebens haben die Tarifpartner bisher vorbildlich erfüllt. Das muß indessen nicht immer so bleiben. Sollten sie sich ihm

---

[65] Der Zweck der Tarifautonomie, den Arbeitnehmern gleichgewichtiges Verhandeln mit der anderen Seite zu ermöglichen, wird durch die oben skizzierte Sicht nicht „außer Acht gelassen"; so aber Hagemeier-Kempen-Zachert-Zilius, Tarifvertragsgesetz, Bem. 7 zu § 2 TVG; man kann die vielen Vorrechte des Art. 9 III nicht ohne die damit verbundenen Pflichten in Anspruch nehmen, den Apfel nicht haben und ihn essen.

[66] Vgl. AP Nr. 15 zu § 5 TVG = E 44, 322 (347 f.); die Stelle: der Staat dürfe den Bürger nicht „schrankenlos der normsetzenden Gewalt autonomer Gremien ausliefern", „die ihm gegenüber nicht demokratisch bzw. mitgliedschaftlich legitimiert sind", liest sich, als wäre die ganze Veranstaltung ein gerade noch hinzunehmendes Übel. Immerhin sei daran erinnert, daß es in dem genannten Fall der Sache nach um die Ausdehnung der Tarifnorm auf den Arbeitgeber-Außenseiter ging. – Vgl. auch BAG, AP Nr. 4 zu § 1 BeschFG 1985; Gamillscheg (demnächst), Anm. EzA Nr. 8 zu § 5 TVG; zur Legitimationslehre unten VI 2.

[67] Diese Doppelwertigkeit spielt eine sichtbare Rolle bei der Frage, ob nur der Verband als Koalition anerkannt und damit zur Teilnahme an der Tarifautonomie zugelassen wird, der hinreichend durchsetzungsfähig ist; der institutionellen Sicht des Grundrechts entspricht die Bejahung der Frage, seinem Freiheitscharakter wird dies jedoch nicht gerecht, dazu AR II 47 ff. – Zur Spannung zwischen der institutionellen Bedeutung der Grundrechte und ihrer Eigenschaft als Freiheitsrecht im allgemeinen vgl. Stern III/1, 751 ff. (770 ff., 773 Anm. 115), 848 ff. mit Anm. 485 mit Nachweisen; Starck, JuS 1981, 237 ff.; Häberle, Wesensgehaltgarantie (oben II Anm. 4) 101.

einmal, in einem Rückfall in die Zeiten der Anfänge, verweigern, oder sollten sie sich ausdrücklich und dauernd staatlicher Sozialpolitik in den Weg stellen, so müßte der Staat seine Zuständigkeit wieder an sich ziehen.

Der überragende tatsächliche Einfluß der Verbände in Staatsverwaltung und Gesellschaft außerhalb der Regelung der Arbeits- und Wirtschaftsbedingungen ist kein Ausfluß von Art. 9 III und deshalb hier nicht darzustellen[68].

3. Arbeitgeber und Arbeitnehmer haben das Recht, der Koalition fernzubleiben *(negative Koalitionsfreiheit);* ein Recht, das auch für den Arbeitgeber in mannigfachen Abwandlungen im Tarifrecht diskutiert wird, dessen Schwergewicht aber bei der Freiheit des Arbeitnehmers liegt, keinem Druck zum Beitritt zu einer Gewerkschaft ausgesetzt zu sein.

Stärkstes Druckmittel ist die Vorenthaltung des Arbeitsplatzes, wenn also der Arbeitgeber im Tarifvertrag verpflichtet wird, nur Mitglieder der vertragschließenden Gewerkschaft einzustellen oder zu beschäftigen, sog. Organisationsklausel; man spricht hier in Anlehnung an Vorbilder aus dem anglo-amerikanischen Bereich vom closed shop. Eine solche Vereinbarung wäre (als Verstoß gegen Art. 12, wenn die Einstellung scheitert[69], gegen die negative Koalitionsfreiheit, wenn der Arbeitnehmer dem Druck nachgibt) unwirksam, es sind aber aus der Rechtsprechung nach dem Kriege keine Beispiele bekannt. Wo der Arbeitgeber freilich (in stillschweigender Übereinstimmung mit dem von der Gewerkschaft beherrschten Betriebsrat) freiwillig Außenseiter nicht einstellt, ist dagegen bisher ein Mittel nicht gefunden worden. Daß es auch bei uns nicht wenige solche versteckte closed shops gibt, unterliegt keinem Zweifel[70].

Der Standort der negativen Koalitionsfreiheit ist umstritten. Die h. M. sieht sie als Spiegelbild oder als „notwendige Kehrseite" der positiven in Art. 9 III GG mit geschützt: so wie zur Meinungsfreiheit, Art. 5 GG, gehöre, eine Meinung nicht zu haben oder nicht zu äußern, gehöre zur Koalitionsfreiheit das Recht, einem Verband auch fernzubleiben[71].

Das leuchtet nicht ein, und was für Art. 5 richtig ist, muß dies für Art. 9 III nicht ebenfalls sein. Es ist schon vom Wortlaut her schwer begreiflich, wie es „zur" Wahrung

---

[68] Zahlreiches Schrifttum, erste Angaben AR II 65.
[69] So schon Scheuner, DVBl. 1958, 847.
[70] Vgl. AR II 36 ff. Das Stichwort der negativen Koalitionsfreiheit fällt auch in anderem Zusammenhang, etwa bei zu langen Kündigungsfristen. Es wurde in dem berühmten Streit um die Differenzierung nach der Gewerkschaftszugehörigkeit, dazu auch unten VI Anm. 9; Scholz aaO Nr. 85; AR II 128 ff., mehr als genug in Anspruch genommen. Der Auftrag zur Tarifautonomie rechtfertigt sogar die Aussperrung arbeitswilliger Außenseiter, AR II 159 f. – Keinen Verstoß gegen die negative Koalitionsfreiheit bildet § 3 I TVG (oben III 3 d); ebensowenig, wenn die tarifliche Normsetzung der Arbeitszeit, eine Inhaltsnorm, die grundsätzlich nur Mitglieder der Gewerkschaft bindet, über eine Betriebsvereinbarung auch auf den Außenseiter (der damit weniger verdient!) ausgedehnt wird, BAG, AP Nr. 23 zu § 77 BetrVG 1972 = E 56, 18.
[71] Vgl. BVerfG, AP Nr. 9 zu Art. 140 GG = E 57, 220 (245), und mehrfach; BAG, GS, AP Nr. 13 zu Art. 9 GG = E 20, 175 (213); Stern III/1, 629 mit Nachweisen in Anm. 34; Scholz, Handbuch des Staatsrechts VI § 151 Bem. 83; Neumann, RdA 1989, 243.

und Förderung der Arbeits- und Wirtschaftsbedingungen dienen soll, daß sich jemand an der sozialen Selbstverwaltung nicht beteiligt und allem fern bleibt. Auch nach ihrer Aufgabe sind die beiden Freiheiten grundverschieden: die positive Koalitionsfreiheit ist die Grundlage der Tarifautonomie, die Verbände, insb. die Gewerkschaften, erfüllen durch ihre Mitglieder und mit deren Beiträgen, wie gesagt, eine öffentliche Aufgabe von höchstem Rang, und um dies zu ermöglichen, hat der Staat seine Gesetzgebungszuständigkeit „weit zurückgenommen", den Arbeitskampf gewährleistet und sich selbst zur Nichteinmischung verpflichtet. Daß die Wahrnehmung dieser Aufgaben und Rechte und die Enthaltung davon spiegelbildlich dieselbe Qualität besitzen sollen, ist schwer zu verstehen. Schließlich wird die h. M. auch durch die Entstehungsgeschichte der Vorschrift widerlegt. Während der Verhandlungen des Parlamentarischen Rats 1948/49 wurde über die Einführung eines Satzes „Ein Zwang zum Beitritt darf nicht ausgeübt werden" lange verhandelt, ohne daß jemals eingewandt worden wäre, dieser Satz sei deshalb überflüssig, weil sich die negative bereits aus der positiven Freiheit ergebe. Den Schöpfern des Grundgesetzes lag diese Vorstellung mithin fern. Für Otto Kahn-Freund, den Altmeister des deutschen wie des englischen Arbeitsrechts, war der Schluß von der positiven auf die negative Freiheit „bad logic".

Die negative Koalitionsfreiheit ist deshalb nicht vogelfrei. Grundlage des Fernbleiberechts ist vielmehr Art. 2 GG. Dieser bietet freilich weniger Schutz als Art. 9 III, insbesondere kann sich die negative Freiheit nicht auf die Drittwirkungsklausel berufen, die die positive Koalitionsfreiheit vor allen anderen Grundrechten heraushebt. Das ist aber auch begründet.

Auch Art. 5 kommt bei dieser Abwägung um so stärker ins Blickfeld, je einseitiger sich die Gewerkschaften politisieren, je mehr sie es, entgegen ihrer Satzung, für ihre Aufgabe halten, im parteipolitischen Spektrum linkssozialistische Positionen zu besetzen, denen der Wähler in den allgemeinen Wahlen seine Absage erteilt.

VI. Die Bindung des Tarifvertrages an die Grundrechte

1. Die Vereinbarung der Arbeitsbedingungen im Tarifvertrag hat den Charakter von Normen, § 1 TVG. Deren Stellung in der Rechtsordnung ist eine doppelte: einerseits genießen sie in dem durch Art. 9 III zugewiesenen Raum Vorrang vor dem Gesetz (oben V 2 c (3)), andererseits müssen sie sich innerhalb der durch die übergeordneten Normen gezogenen Grenzen halten. In jedem Fall ist die Tarifnorm nichtig, wenn sie ein Grundrecht verletzt. Das ist der Fall, wenn die Tarifpartner die ihnen zugewiesene Aufgabe der gegenseitigen Abwägung, der Konkretisierung der beiderseitigen Interessenssphären, in gröblicher Weise verkannt haben. Es muß ein „klarer Verstoß" gegeben sein. Die Tarifnorm scheitert nicht daran, daß dem Richter eine andere Regelung als angemessener erscheint. Es gilt nichts anderes als bei den arbeitsrechtlichen Gesetzen.

Wichtigstes Beispiel eines Verstoßes gegen ein Grundrecht, nämlich Art. 3 II, bildeten die früher üblichen Frauenlohnklauseln. Mit ihrer Nichtigerklärung beginnt der Durchbruch der Drittwirkung im Arbeitsrecht überhaupt (oben III 3 b); aber auch Verstöße gegen den allgemeinen Gleichheitssatz beschäftigen die Gerichte nicht selten. In diesen wie in anderen Fällen bildet die Tarifautonomie den Gegenpol. Wenn es die Tarifpartner für richtig halten, eine Arbeitnehmer-Gruppe aus dem persönlichen Geltungsbereich des Tarifvertrages auszuschließen, so unterliegt das bis zur Grenze der Willkür nicht der Zensur durch den Richter, auch wenn dadurch innerhalb der Belegschaft Ungleichheiten geschaffen werden[1]. Sieht sich dagegen der Gleichheitssatz verletzt, so ist als nächstes zu entscheiden, ob die Angleichung nach oben oder nach unten und für die Zukunft oder auch für die Vergangenheit zu erfolgen hat. Stets setzt das Urteil Gelder in Bewegung, die zu verteilen Sache der Tarifpartner ist. Eine befriedigende Lösung dieses Problems ist nicht in Sicht.

2. Der Umfang der Unterwerfung der Tarifnorm unter die Grundrechte ist von der Erklärung nicht unabhängig, die man der Normenwirkung überhaupt gibt.

Die Praxis folgt in erster Linie der sog. Delegationstheorie. Nach dieser Lehre beruht die Ermächtigung der Tarifpartner zum Erlaß von Normen auf § 1 TVG, einem Gesetz, das seinerseits gem. Art. 1 III GG an die Grundrechte gebunden ist; § 1, so heißt es, könne mithin privaten Personen keine weitergehenden Rechte verleihen, als er selbst besitze[2]. Dasselbe Ergebnis

---

[1] Vgl. oben zu V Anm. 28.
[2] So vor allem das BAG, AP Nr. 4 (= E 1, 258) und 16 (= E 4, 240) zu Art. 3 GG, st. Rspr.; Wiedemann-Stumpf, Bem. 25 zu § 1 TVG, dazu Scholz aaO Nr. 20, 102; AR II 78.

VI. Die Bindung des Tarifvertrages an die Grundrechte

erzielt man auch, wenn man Art. 1 III GG unmittelbar anwendet, weil auch die Tarifnormen „Gesetze" im Sinne dieser Vorschrift sind[3].

Gegen die Lehre von der Delegation wird vor allem eingewandt, es fehle staatliche Aufsicht, und die Voraussetzungen von Art. 80 GG seien nicht gewahrt[4]. Das überzeugt nicht: die Tarifautonomie ist aus ihrer geschichtlichen Entwicklung heraus zu einem eigenständigen Gebilde geworden, an das sich das Verständnis auch von Art. 80 anpassen muß[4a]. Staatliche Aufsicht wird dadurch entbehrlich, daß sich die Tarifpartner zunächst mit entgegengesetzten Interessen gegenüberstehen; für die soziale Verträglichkeit des Tarifvertrages spricht mithin eine starke Vermutung. Wo Aufsicht indessen nötig wird, wird sie, wenn sich ein Verletzter meldet, von den Gerichten wahrgenommen. – Die Delegationstheorie kann auch die Grundrechtsbindung des schuldrechtlichen Teils des Tarifvertrages nicht erklären. Sie läßt die Besonderheiten der Tarifautonomie, ihren Regelungsauftrag, im Schatten; man mag zweifeln, ob der Staat Gesetzgebungszuständigkeit in einem Bereich delegieren kann, in dem er sie selbst nicht besitzt. Gegen sie spricht schließlich, daß für die Vertragsfreiheit, also die bindende Kraft des privatrechtlichen Vertrags, dort, wo sich gleich starke Partner in freier Selbstbestimmung gegenüberstehen, eine ähnliche Unterwerfung unter die Grundrechte gerade nicht angenommen wird, obwohl doch § 305 BGB, ähnlich wie § 1 TVG, ein „Gesetz" ist, aus dem die Bindung an die Grundrechte abgeleitet werden müßte[5].

Sieht man den Gesetzgeber aus Art. 9 III verpflichtet, ein Tarifvertragssystem zur Verfügung zu stellen (oben V 2 c 1), so liegt es nahe, auch die Normenwirkung unmittelbar aus dieser Vorschrift zu begründen[6]. Hier wäre es die Einheit der Grundrechtsordnung, die es verbietet, den Tarifnormen einen grundrechtsfreien Raum vorzubehalten.

Wieder eine andere Meinung anerkennt das im Tarifvertrag Vereinbarte zwar als privatrechtliche Norm, sieht deren eigentliche Rechtfertigung aber nicht in der staatlichen Ermächtigung, sondern in der Legitimation zur Normsetzung durch den Normunterworfenen, die dieser durch seinen Beitritt zum Verband erklärt habe[7]; daraus wird auch geschlossen, daß es eine unmittelbare Bindung an die Grundrechte nicht gebe[8]. Die Legitimationslehre ist freilich angreifbar. Sie spricht vom Mitglied und denkt an den Außenseiter[9] und

---

[3] Ablehnend Stern III/1, 1277; Starck, Bem. 161 zu Art. 1.

[4] Vgl. Maunz-Dürig-Herzog-Scholz, Bem. 115 zu Art. 1 III, und viele.

[4a] Vgl. BVerfGE 44, 322 (oben V Anm. 57a).

[5] Vgl. Starck, Bem. 197 zu Art. 1. – Das Verhältnis der usprünglichen Vertragsfreiheit zu ihrer staatlichen Anerkennung ist freilich ein Thema, das mit einem Hinweis auf § 305 BGB allein nicht beantwortet werden kann und auch nicht soll.

[6] Vgl. Biedenkopf, Grenzen der Tarifautonomie (1964) 104 f.; Weber, Göttinger Festschrift für das OLG Celle (1962) 239 ff. – Der Sache nach nicht anders auch Maunz-Dürig-Herzog-Scholz, Bem. 357 zu Art. 9, dem Stern III/1, 1273 f. zustimmt.

[7] Vgl. Zöllner, Arbeitsrecht (3. Aufl. 1984) § 38 I, und schon oben V zu Anm. 66.

[8] Vgl. zuletzt Canaris, AcP 1984, 244 und JuS 1989, 166 (freilich mit Rücksicht auf die Besonderheiten des Tarifwesens).

[9] In der Diskussion um die Differenzierung nach der Gewerkschaftszugehörigkeit ist die Legitimation von einigen Verfassern über Gebühr betont worden: mit dem Ergebnis, daß die Tarifpartner die Gleichstellung der Außenseiter oder ihre Wiedereinstel-

VI. Die Bindung des Tarifvertrages an die Grundrechte

kann §§ 3 II und 3 III TVG nicht erklären. Der Auftrag zur Ordnung und Befriedung des Arbeitslebens kann auch ohne alle Einwirkungen auf die Sphäre des Außenseiters nicht erfüllt werden. Im einzelnen ist das hier nicht zu vertiefen.

So bleibt, wenn man die Grundrechtsbindung nicht überhaupt ablehnt[10], für die Unterwerfung der Tarifnorm unter die Grundrechte die Erklärung, die auch sonst hier vorgebracht wird (oben II 3): die von den Tarifpartnern verkörperte soziale Macht, die es nicht anders als beim Staat zu bändigen gilt. Sie begründet ohne Schwierigkeiten die Unterwerfung auch der schuldrechtlichen Abreden unter die Grundrechte.

Das Machtgefälle besteht hier freilich nicht zwischen den Tarifpartnern, die sich am Verhandlungstisch, wie geschildert, in voller Parität gegenübersitzen, wohl aber zum einzelnen Mitglied und zu dem von Ausstrahlungen des tariflichen Geschehens erfaßten Außenseiter.

Zwischen Tarifvertrag und Allgemeinverbindlicherklärung ist ein Unterschied nicht zu machen. Daß die Allgemeinverbindlicherklärung strenger an Grundrechte gebunden wäre als der Tarifvertrag, trifft nicht zu. Sie will die Kartellwirkung des Tarifvertrages herstellen, nicht, eine grundrechtstreue Enklave im Rund von grundrechtsbeschränkenden Tarifnormen schaffen[11].

---

lung auch schuldrechtlich nicht vereinbaren könnten, für die Betroffenen ein wahrer Bärendienst; das BAG hat sich dem nicht angeschlossen, dazu Gamillscheg, BB 1967, 45 ff. und AR II 128 ff.

[10] So in neuerer Zeit wohl auch Böckenförde, bei Posser/Wassermann, Freiheit in der sozialen Demokratie (1975) 86, der durch eine Bindung an die Grundrechte den „intendierten Freiheitsgehalt" der Tarifautonomie bedroht sieht. Aber eine Freiheit zu einem unverhältnismäßigen Eingriff in anderer Leute Rechte verdient diesen Schutz nicht. Die Abgrenzung ist schwierig, die Rechtsprechung bemüht sich um Zurückhaltung.

[11] A. A. Maunz-Dürig-Herzog-Scholz, Bem. 117 zu Art. 1 III; Stern III/1, 1278 f., mit Nachweisen.

Printed by Libri Plureos GmbH
in Hamburg, Germany